MEU MARIDO TEM UM SEGREDO

MEU MARIDO TEM UM SEGREDO

Encontrando a Libertação para o Vício Sexual

MOLLY ANN MILLER

Traduzido por Patrícia de Oliveira Almeida

1ª Edição

CPAD

Rio de Janeiro

2009

Título do original em inglês: *My Husband Has a Secret*
Beacon Hill Press, Kansas City, Missouri, EUA
Primeira edição em inglês: 2005
Tradução: Patrícia de Oliveira Almeida

Preparação dos originais: Daniele Pereira
Revisão: Verônica Araújo
Capa: Flamir Ambrósio
Projeto gráfico e editoração: Oséas Maciel

CDD: 173-Ética Familiar
ISBN: 978-85-263-1028-5

As citações bíblicas foram extraídas da versão Almeida Revista e Corrigida, edição de 1995, da Sociedade Bíblica do Brasil, salvo indicação em contrário.

Para maiores informações sobre livros, revistas, periódicos e os últimos lançamentos da CPAD, visite nosso site: http://www.cpad.com.br

SAC — Serviço de Atendimento ao Cliente: 0800-021-7373

Casa Publicadora das Assembleias de Deus
Caixa Postal 331
20001-970, Rio de Janeiro, RJ, Brasil

1ª edição: 2009

DEDICATÓRIA

Aos meus mestres:
Dr. Patrick Carnes, que me ensinou a verdade a respeito do vício,
Roger Thoman, que me ensinou a ouvir,
Cec Murphey, com quem aprendi a escrever,

A meu esposo,
cuja honestidade sobre o seu vício ensinou-me a aceitar e amar a mim mesma.

E aos meus filhos,
que nos amaram incondicionalmente e de modo corajoso compartilharam suas histórias.

SUMÁRIO

INTRODUÇÃO

MEU NOME NÃO É MOLLY. É possível que eu seja a sua vizinha, a esposa do seu pastor, a professora de seu filho, ou a sua amiga mais chegada. Sim, provavelmente sou. O vício sexual tornou-se hoje uma epidemia, fato a que a Igreja não constitui exceção."O vício do sexo é o que mais rapidamente cresce em nosso país", escreve Marnie Feree, que trata os que são viciados no sexo feminino,"e acredito que seja o vício preferido dos cristãos... é um problema incrível".[1]

Mark Laaser escreve:"É bastante claro que a compulsão sexual não faz discriminação com respeito ao gênero".[2] Portanto, esforcei-me para escrever sem apresentar qualificações de gênero, quando possível.

Há quinze anos atrás, meu marido revelou-me o seu segredo: tornara-se um dependente de sexo. A situação se arrastava por dezenove anos, ou seja, por todo o tempo do nosso casamento. Lutei com a dor da traição no primeiro ano e partilhei o problema com um conselheiro e apenas uma amiga — um fardo injusto que ela suportou com divinas porções de graça. Passaram-se dez anos antes que eu me encontrasse com outras esposas que enfrentavam o mesmo problema.

Esta é a história das lutas do meu próprio coração, e do que me ajudou durante o processo. Quero encorajá-la a ler os livros médicos que abordam o tema, pois a misericórdia aumenta com o entendimento.

Existe um gracioso jardim à frente. Jesus está lá para atar o nosso coração partido. A profundidade da nossa dor faz expandir o coração para que experimentemos as alturas do amor de Cristo, cujas mãos estão qualificadas para oferecer-nos alegria e consolo, visto que foram cravadas. Ele foi traído com um beijo, portanto sabe *exatamente* como nos sentimos.

Os dias pela frente não serão de todo agradáveis. A confiança e a fidelidade foram destruídas, e os votos, quebrados. Você pode achar que a batalha é pelo seu casamento, mas este não é o ponto. Como John Eldredge lembra à Igreja, "A batalha é pelo nosso coração".[3] Quer o seu relacionamento sobreviva, quer não, você pode ser vitoriosa na batalha pelo seu coração. Pode experimentar plenamente a intenção de Deus de que a sua alma seja liberta das falsas crenças que a aprisionam. Você pode refletir a glória dEle.

Veio à luz finalmente a verdade,
Roubou o seu passado como um tufão.
Cada lembrança agora é um debate,
À luz da verdade surgiu a confissão.

Novas perdas ameaçam-na cada dia,
O desgosto parece não findar.
E o único meio de curar a agonia
É as emoções da privação experimentar.

Foi apenas uma ilusão, decepção, mentira,
O conto de fadas esvaiu-se, como fumaça.
A nova realidade que se descortina
É cheia de dor, vergonha, desgraça.

Mas novamente acena o Senhor Deus,
Ele irá levantá-la e carregá-la.
Pelo pecado e pela vergonha Cristo morreu,
A vida abundante é sua, pode reclamá-la.

"Como pode ser isto?", você indaga,
Não faz muito tempo andei por esta senda.
Um caminho salpicado de dor e lágrima
Rejeição, temores solitários, pena.

Do alto desta trilha eu brado:
"Existe alegria adiante; você será feliz!
Deus cortou o que estava mirrado,
Para dar-me o que sempre quis."

Russell Willingham disse: "O que uma esposa deve fazer? Chorar bastante, estabelecer os limites e enfrentar a si mesma... permitir que Deus e outras pessoas a amem, conduzindo-a, assim, de volta à integridade".[4]

Minha oração é que você se sinta compreendida, consolada e encorajada. Você não está só.

Com esperança,
Molly Ann Miller

Capítulo 1

VOCÊ NÃO ESTÁ SÓ

"Em geral, a única pessoa que sente mais humilhação do que o próprio viciado em sexo é a sua esposa... certamente se ela fosse 'mulher o bastante', seu marido não precisaria 'ter as necessidades satisfeitas' em outro lugar. Essa linha de pensamento é cruel, porque deposita sobre uma quantidade inumerável de mulheres um tremendo fardo de culpa, impedindo que elas busquem o conselho e o apoio de que tão gravemente necessitam."

— Steve Arterburn[1]

MEUS OLHOS CORRIAM NERVOSAMENTE POR TODO O CÍRCULO. Estava ansiosa por compartilhar a história que guardara por dez anos. Todo aquele tempo estivera desesperada por encontrar um local seguro em que pudesse desabafar. No entanto, a apreensão tomava conta de mim por ter de pronunciar palavras que ainda me comprimiam a garganta, tais como: prostitutas, mentiras, traição.

Na função de mediadora, Carol começou a reunião. Senti o estômago embrulhar, enquanto outras se remexiam em suas cadeiras. Ela deu início à leitura das regras, das quais a mais importante para mim dizia respeito ao caráter estritamente confidencial da reunião. Nenhum nome ou nenhuma informação poderiam ser repetidos nem mesmo para os nossos maridos. Em seguida, uma após outra no círculo começou a dizer o seu nome. Não consigo me lembrar de nenhum sequer.

Carol abriu alguns livros escritos por pessoas que experimentaram a cura e iniciou a leitura de relatos que falavam de recuperação e esperança. Tínhamos liberdade de comentar a cada parágrafo.

Sandy foi a primeira a falar, apresentando-se como missionária. Uma mensagem gravada no celular do marido expusera o caso. O diretor da missão solicitou a volta da família para casa imediatamente. Sandy retirou os três filhos da escola sem condições de dar-lhes qualquer explicação. Com os olhos lacrimejados, viu os filhos serem separados dos amigos mais chegados.

O contato com as esposas de outros missionários tornara-se embaraçoso. Como ela poderia ser verdadeira e ao mesmo tempo permanecer uma esposa respeitável? O isolamento de Sandy aumentou, bem como a ira que sentia pelo marido. Uma semana mais tarde, ela estava a bordo de um avião, sentindo-se mais solitária do que jamais esteve ao lado do homem que a traíra.

"Frequentei uma escola de idiomas por um ano, levantei sustento financeiro por mais outro ano, desloquei minha família pelo mundo sob várias concessões para isto? Deus falhou comigo. Estou verdadeiramente irritada com Ele neste momento."

As lágrimas corriam pela face de Sandy e eu desejava que minha compaixão pudesse enxugá-las. Espantava-me a intensidade do seu sofrimento. Fui àquela reunião certa de que a minha dor seria a maior de todas e, no entanto, ali estava alguém que havia perdido bem mais do que eu.

Minha dor acorrentava-me, consumindo a pouca energia que ainda me restava. Acessos de autopiedade acometeram-me. Achava que tinha o direito de sentir pena de mim mesma, mas a história de Sandy colocou-me em dúvida.

Lucy foi a próxima a falar. Seu marido era um viciado em pornografia. Ouvi atentamente suas palavras enquanto ela contava sobre os longos intervalos em seu relacionamento sexual. Lucy tentou preencher a solidão do coração com comida, mas o consolo que buscava acabou tendo efeito contrário. As roupas apertadas lembravam-lhe constantemente que ela estava apenas piorando as coisas. "Espero não ter sido responsável por isso, sabe o que quero dizer... o vício dele". Então finalmente Lucy levantou os olhos deprimidos.

Todas ao redor devolveram olhares que transmitiram conforto a Lucy. Muitas de nós estavam acima do peso. Os chocolates obcecavam-me toda vez que a minha mente era torturada por pensamentos dolorosos, e além disso me sentia indesejável. Gostaria de saber se alguém aqui sente o mesmo que eu.

Aquele grupo estava me fazendo bem. Somente duas mulheres haviam partilhado suas histórias e eu já sentia que algo mudava dentro de mim. Antes de chegar àquela reunião, sentia-me isolada. À medida que meus olhos percorriam a sala atentamente, percebi que eu era simplesmente como as outras. Elas estavam sofrendo — algumas mais do que eu —, e descobri que não estava sozinha. Todos os meus recursos durante aquele período de dez anos resumiam-se em um livro que tratava do assunto escrito para mulheres, um workshop e grupos de recuperação geral em minha igreja. Aquele foi o primeiro grupo de apoio dedicado exclusivamente a esposas de viciados em sexo que encontrei.

Meus ouvidos se aguçaram quando Valéria começou a falar. Por várias vezes, ela quis saber por que seu marido parecia estar sempre apertado financeiramente. Um dia, a companhia telefônica ligou para tratar sobre uma conta enorme que não fora paga. Pensando tratar-se de um engano, Valéria resolveu pedir ao marido para verificar o problema, mas ao levar-lhe o assunto notou que ele gaguejou. Enquanto ele tentava disfarçar, o coração de Valéria começou a bater rápido, ameaçando disparar. O marido não resistiu e acabou confessando seu vergonhoso vício pelo telesexo. Com a face ruborizada e a voz embargada, Valéria contou como trabalhava duro enquanto seu marido sabotava financeiramente o casamento. "Mas aquilo não era nada comparado à sabotagem emocional que sofri!"

Tina era jovem. Na verdade, acabara de regressar à faculdade. "Minha conselheira sugeriu que eu me juntasse a esse grupo. Fui casada com um viciado em sexo durante um ano, e ele não via nada de errado com o vício. Nosso divórcio, por fim, aconteceu no mês passado. Eu queria deixar o que passou para trás, mas minha conselheira disse que escolhi um homem viciado para dar vazão ao meu estado de codependência, sendo provável que eu repita o mesmo padrão de comportamento se não aprender a lidar com isso. Por esse motivo estou aqui. Jamais quero passar por situação parecida novamente, e estou aliviada em saber que algo bom pode surgir de um aparente fracasso."

Jennifer descreveu como seu marido desviava a atenção quando uma mulher atraente passava por ele. As olhadelas curiosas deram lugar a um modo de olhar lascivo, bastante demorado para ser inocente. De vez em quando, uma mulher esboçava de volta um sorriso. Jennifer sentia crescer a raiva por dentro. Aquilo era a sua imaginação? Não. Ela admitiu que parava de falar quando o olhar do marido se deslocava, embasbacado, e esperava até que a interrupção passasse. Se ela dissesse alguma coisa, não machucaria ainda mais o relacionamento? Um dia, Jennifer encontrou uma pilha de revistas escondidas embaixo do sofá. Ficou horrorizada ao folhear a pornografia.

Indignada, ela confrontou o marido à porta de casa. A negação dele a abasteceu ainda mais de ira, tornando-a decidida a obter a verdade. Finalmente, o marido admitiu o erro dizendo-se muito envergonhado e assumindo com resignação a responsabilidade pelo seu comportamento. O alívio chegou para Jennifer quando ele concordou em buscar aconselhamento. Ela já percebeu alguma mudança.

Denise falou sobre as incontáveis noites em que o marido esteve trabalhando ao computador, muito tempo após ela ter ido para a cama. Certo dia, Denise verificou o histórico da máquina e deparou com mais de cem sites de pornografia. Alguma coisa estava terrivelmente errada. Sentia-se suja só de ler os nomes dos sites. "Meu maior medo era que meu filho reproduzisse o comportamento do meu marido." Naquele momento me dei conta do perigo que ameaçava os meus próprios filhos. A história de Denise provocou muitos suspiros nas ouvintes. Aparentemente, a pornografia on-line era um problema comum.

Com voz monótona, Linda contou sobre as aventuras amorosas do marido. Ele cultivava relacionamentos muito afetivos com mulheres que eram excessivamente amigas. Enquanto ele satisfazia as suas necessidades em algum outro lugar, Linda permanecia solitária e não realizada. "Foi muito difícil identificar onde exatamente estava o problema, uma vez que ele parecia amigável e cuidadoso." Mas frequentemente o constrangimento a deixava mal diante da atenção que o marido dispensava a outras mulheres em situações sociais. "Eu também fui tentada..." A voz de Linda embargou e as lágrimas rolaram-lhe pela face. "Mas eu queria ser fiel a ele. Isso é tão injusto! "Várias mulheres não conseguiram conter as lágrimas.

Até então ninguém havia compartilhado algo tão horrível quanto o que fora cometido pelo meu marido. Eu ainda estava só?

O marido de Sara estava detido por importunar uma prostituta. Havia escondido de Sara dois delitos anteriores a esse. A primeira vez que ela tomou conhecimento de sua má conduta sexual aconteceu quando o marido ligou para ela da prisão. Um telefonema — e sua vida foi arruinada. "Quando nossos amigos perguntam onde ele está, não sei o que dizer. Tenho certeza de que ele irá perder o emprego." Como Sara sobreviveria financeiramente? Ela estava tão ferida que não queria sequer vê-lo, mas os filhos pequenos sentiam terrivelmente a falta do pai.

Mesmo o comportamento desolador do meu marido não me ajudava a imaginar esse tipo de choque. O nome de Sara foi publicamente manchado. Ela teve, não apenas, de suportar a humilhação de ter o marido preso, como também sofria a enorme rejeição que a infidelidade causara. Compadeci-me de Sara.

Sharon chorara baixinho durante toda a reunião. Não acreditei que fosse falar, mas quando limpou a garganta, meus olhos voltaram-se em sua direção. Mantendo um lenço de papel abaixo dos olhos, ela desabafou sobre a atração que seu marido sentia pelo mesmo sexo. "Ele lutou com a homossexualidade anos atrás, e agora retornou. Eu queria ter os problemas de vocês", declarou Sharon. "Sinto tanta vergonha pelo fato de o meu marido desejar outro homem ao invés de mim." Então, enterrou o rosto entre as mãos e desabou em soluços. A dor refletiu-se subitamente no semblante de cada uma ao redor da mesa.

Senti profunda afinidade com aquela mulher. Nós duas tínhamos sido traídas, nossos corações estavam partidos, e não fazia diferença o que quer que tivesse causado a situação.

Por fim, era a minha vez de compartilhar. Nos dez anos anteriores, poucos amigos bem chegados souberam a respeito do vício de Timóteo. Minhas mãos ficaram úmidas, meu estômago agitou-se. A sala estava em silêncio.

Capítulo 2

A REVELAÇÃO

CERTA MANHÃ, PERCEBI QUE OS OLHOS DE MEU MARIDO estavam cheios de lágrimas. Perguntei-lhe o que havia de errado e ele respondeu que estava apenas se sentindo mais emotivo.

As responsabilidades do trabalho o estão pressionando bastante, pensei.

Naquela manhã, nosso pastor telefonou-me."Molly, pode vir até o meu escritório?"

Fiquei agitada ao perceber que ele não falaria nada pelo telefone.

Logo que cheguei, a secretária acenou para que eu entrasse. Abri a porta e deparei com Timóteo, ali, sentado. *Por que ele não está no trabalho?* Pude ver que suas mãos se agitavam sobre o braço da cadeira — um sinal óbvio do seu nervosismo. Quando nossos olhos se encontraram, percebi que ele estava com medo. Após convidar-me a sentar, o pastor disse:"Timóteo tem algo a dizer-lhe".

Virei-me automaticamente para ele. *O que está havendo? Ele está com algum problema? Será algo com a justiça?* Olhei para o rosto de ambos em busca de alguma pista, mas eles evitaram o contato visual. O ambiente estava tão tenso que eu mal conseguia respirar.

Timóteo encarou-me por um instante, porém se manteve olhando para as mãos.

— Tenho levado uma vida dupla — disse ele, mexendo-se ligeiramente para frente e para trás na cadeira. — Tenho sido infiel a você durante todo o nosso casamento.

Pestanejei. *Como assim, infiel? O meu marido?* Minha boca abriu-se, mas não pude esboçar nenhuma palavra.

— Comecei com os filmes proibidos, não muito tempo depois que nos casamos. Daí passei para a sessão pornográfica das livrarias.

— Eu jamais podia imaginar isso... — sussurrei.

— Ocasionalmente, frequentei casas de massagem e bares com exibição de topless.

Eu estava entorpecida; não podia acreditar no que acabara de ouvir.

— Pensava sempre que aquela seria a última vez... — a voz dele falhou, e instintivamente pus a minha mão em cima da sua. Timóteo puxou um lenço do bolso de trás. — Tem... ainda tem mais.

Mais? O que mais poderia existir?

— Depois disso eu comecei a sair com prostitutas. Cada vez que acontecia eu jurava que nunca mais iria voltar. Porém eu continuei.

Eu estava de fato em nossa igreja, ouvindo meu marido dizer que esteve saindo com prostitutas?

— Acabei contraindo herpes genital, e esta é a razão por que estou sendo honesto com você agora. Nesta manhã, eu estava chorando porque havia pegado o resultado dos meus exames.

— Oh, Timóteo!

— Não quero que você seja contaminada com o vírus.

Naquele momento, ambos estávamos chorando. *Não quero pegar esse vírus também!*

— Sei que é muito difícil para você ouvir isso, mas quero ser honesto daqui em diante. Por isso estou lhe revelando tudo na frente do nosso pastor. Quero ser responsável. Estou cansado de mentir para você.

Ele apertou as minhas mãos como se implorasse misericórdia. Estava ofegante. — Partirei, se você quiser. Não irei culpá-la.

Quero que ele vá embora? Temos seis filhos. Até três minutos atrás eu pensava que tínhamos um casamento maravilhoso! Sou tola a ponto de deixá-lo ficar? Pedir para ele partir o ajudaria a mudar?

Os olhos tristes de Timóteo buscaram os meus. — Você acha que existe alguma chance de me perdoar? — Seu rosto contorcia-se de dor e os soluços tomaram conta da pequena sala.

Fui tomada de compaixão: — Sim, eu te perdoo.

Timóteo tinha um vício. Não entendíamos sobre o assunto até que ingressamos na terapia de aconselhamento. Eles rotularam o problema: *Vício Sexual*. Timóteo começou a frequentar as reuniões dos Sexólicos Anônimos (SA) semanalmente. Lemos livros que tratavam de compulsão pelo sexo, comunicação e intimidade. Chorei dia após dia durante aquele ano, lamentando a perda da fidelidade em meu casamento. Timóteo me ouvia, chorava comigo e se desculpava repetidamente. Na primeira vez que o perdoei, não imaginava que aquela seria uma escolha que eu deveria fazer inúmeras vezes, e nenhuma delas chegou a ser um pouco mais fácil.

Oito meses mais tarde, nosso conselheiro afirmou que Timóteo estava curado, mas ele continuou a frequentar as reuniões do SA. Durante seis meses nos abstivemos de ter relação sexual, esperando o resultado do segundo teste de HIV de Timóteo. Quando os resultados vieram negativos, renovamos os nossos votos e prometemos um ao outro honestidade — não perfeição. Tínhamos aprendido que a honestidade era o preço do amor incondicional. Nosso novo alvo era unidade — não felicidade. Devíamos compartilhar tudo de nós mesmos — não apenas as partes que considerávamos aceitáveis — a fim de eliminar a vergonha e o isolamento.

Nos anos seguintes, desfrutamos de profunda intimidade, uma intimidade que jamais havíamos experimentado. Estávamos completamente abertos um com o outro, de modo que a confiança retornou aos poucos. Encontramos uma igreja com foco na recuperação de viciados, e semanalmente frequentávamos grupos que nos ajudavam a reconhecer os nossos sentimentos e a expressá-los de modo responsável. Finalmente, aprendemos que nenhuma pessoa pode satisfazer todas as nossas necessidades; somente o relacionamento com Deus pode fazê-lo.

Nosso casamento ia bem. Nossos filhos mais velhos já eram adolescentes. Então surgiram algumas batalhas que jamais imaginei que fosse enfrentar em meu lar: drogas, mentira, fuga de casa e sexo prematuro. Entretanto, o golpe maior aconteceu quando a ex-namorada de nosso filho cometeu suicídio — em nossa casa. Todos tivemos de buscar aconselhamento, mas Timóteo continuava perturbado. Pelo fato de ele não conseguir concentrar-se nos negócios, começamos a sofrer apertos financeiros. Após seis meses, mudamo-nos para uma nova casa. Pensei que tudo estivesse bem, mas estava errada.

Meu marido recebera uma proposta para vender sua exigente empresa. Eu estava empolgada com mais tempo que teríamos em família, visto que estávamos indo para o interior. Mas, sempre ao chegar em casa de seu novo trabalho, Timóteo sentava-se na poltrona reclinável para ler um livro. Um livro após outro. Não sei dizer em que ponto começou, mas ele havia se distanciado de mim emocionalmente. Falávamos pouco um com o outro, e quando acontecia, Timóteo ficava em posição tão defensiva que a conversa terminava comigo em lágrimas. Tínhamos experimentado um bom nível de intimidade e eu não queria abrir mão disso. Ele parecia estar deprimido, então lhe pedi insistentemente que buscasse aconselhamento. Seu distanciamento fazia com que eu me sentisse sozinha e rejeitada, trazendo à tona mais uma vez a dor da infidelidade sofrida.

Éramos novos na cidade e meu marido estava emocionalmente ausente. Senti-me completamente só. Nosso relacionamento chegara a um ponto tão crítico que orei para que Timóteo morresse. Quando ouvia o carro entrando na garagem, lamentava que ele estivesse vivo, conhecendo a dor da rejeição que eu sofreria com a sua chegada. Durante nove meses, permanecemos assim, até que finalmente eu disse a Timóteo que não podíamos mais viver juntos. Este fato foi o que empurrou Timóteo a conversar com o pastor, que então o recomendou a um centro de aconselhamento.

Percebi algum progresso de imediato. Depois de algumas semanas, Timóteo convidou-me para sair e para isso tirou meio dia de folga do trabalho. Eu estava entusiasmada com a virada em nosso relacionamento. Coloquei meu vestido favorito e então seguimos em direção ao centro. "Aonde estamos indo?" Como parte da surpresa, achei o silêncio um tanto romântico. Timóteo entrou no estacionamento de uma igreja. *Que tipo de encontro é este?* Então vi uma placa onde se lia Escritório de Aconselhamento, e naquele instante o pensamento estalou em minha mente. "Você voltou para o seu vício!"

Timóteo permaneceu em silêncio. Eu estava furiosa."Como você foi capaz de fazer isso conosco *outra vez*? Isto não é um encontro, é uma decepção!"

De repente, todo aquele distanciamento de Timóteo passou a ter sentido. Ele quebrara seu primeiro voto feito na cerimônia do nosso casamento, e agora havia quebrado o segundo, quando ele tinha prometido ser honesto. Como eu poderia lidar com a traição *mais uma vez*? As lágrimas corriam em meus olhos, enquanto puxava minha mão bruscamente de cima dele.

Mais uma vez eu estava diante de um conselheiro.

Mais uma vez tive de responder se queria que meu esposo partisse ou ficasse.

Mais uma vez fui informada de que tinha o direito de pôr fim ao nosso casamento.

Mais uma vez, ouvi o conselheiro perguntar: — O que você quer fazer?

O que eu queria? Queria gritar. Queria parar a dor. Queria que Timóteo desse o seu amor exclusivamente para mim. Queria confiar em meu marido. Queria um pai piedoso para os nossos filhos. Queria parar de chorar tanto. O que eu queria? Queria a cura para nós!

As palavras desmoronaram: — Quero que ele fique.

O conselheiro foi direto ao ponto: — Molly, o que você quer dizer a Timóteo?

— Quando isso começou?

— Eu estava indo bem, em meio às lutas habituais. Mas o suicídio...

— Então começou ali? Aquilo ocorreu quatro anos atrás! — Eu estava incrédula.

— Não quis lhe contar porque estávamos muito perturbados na época. Até mesmo procurei ajuda profissional, e fui orientado pela conselheira a não lhe dizer nada.

— Você sabe o que tive de passar por sua causa durante este ano?

— Lamento muito. Fui deixando passar. Agora vejo, deveria ter conversado com você imediatamente.

— Isso foi o que prometemos um ao outro. Estou *com muita raiva.* — A primeira vez que me confessou o vício, Timóteo não sabia que quebrar o silêncio o ajudaria. Desta vez, no entanto, ele *sabia* que deveria ser honesto e escolheu não sê-lo. — Há alguma esperança para nós? Você ficará apenas repetindo isso vez após outra?

O conselheiro interrompeu: — Isso é o que estamos fazendo aqui. Temos ajudado na recuperação de centenas de dependentes de sexo. Esse padrão de conduta pode ser quebrado.

— Você pode nos ajudar de fato? — perguntei ao conselheiro, virando-me em sua direção.

— Sim. Cada um de vocês precisa aprender a ser pleno, descobrindo a sua identidade em Deus. Somente duas pessoas que são plenas podem desfrutar um relacionamento saudável.

Após contar a minha história ao grupo, eu estava admirada ao ver quanta dor podia ser expressa em minutos. Agora era a minha vez de olhar o rosto das mulheres em minha volta. Vi lágrimas, sobrancelhas franzidas de dor, expressões de ira, e doces expressões de aceitação. Pela primeira vez em minha vida, eu estava falando com esposas de homens que tinham compulsão pelo sexo.

Sabia que elas me entendiam; suas expressões refletiam os meus sentimentos. A cura havia começado.

Capítulo 3

O PERDÃO

"Uma palavra de encorajamento pode curar uma ferida; escolher perdoar pode destruir uma fortaleza." — John Eldredge[1]

A TRAIÇÃO NOS CONSOME POR MEIO DE EMOÇÕES HEDIONDAS. No entanto, quanto mais honestos formos, maior será a nossa cura. Os nossos sentimentos não são moralmente corretos ou errados. São legítimos; são nossos, e ninguém tem o direito de julgá-los.

Os desagradáveis sentimentos de repugnância que surgem no início são tão válidos quanto os mais confortáveis que terão seu lugar com o tempo. A verdade é sempre apropriada.

Eu tinha vergonha de admitir como me sentia. Era um fracasso como cristã? Derramei o meu coração perante Deus em meu diário e partilhei minha dor com uma amiga confiável que apenas ouvia. Normalmente, não sabemos como nos sentimos até que ouvimos as palavras saírem de nossa própria boca.

Ser honesto com alguém traz uma coragem incrível. É o preço para se conseguir um coração leve, livre da amargura. É o preço da capacidade de perdoar. É o preço da espiritualidade, e também o preço do compromisso matrimonial. Alguns casamentos morrem porque a esposa não consegue oferecer misericórdia ao marido pelos pequenos agravos, ao passo que outros prosperam quando a esposa perdoa as piores ofensas.

As ações dos outros, incluindo os nossos cônjuges, não podem nos controlar. Escolhemos o que fazer com os nossos sentimentos. Timóteo estava arrependido e obtendo melhoras. Na verdade, eu não sabia quando voltaria a confiar nele; estava devastada, mas queria perdoá-lo. Esta era a escolha que eu *queria* fazer.

Integrando a Memória com a Verdade

Logo após a confissão de Timóteo, a dor e a perda tornaram-se minhas novas companheiras. Minha felicidade de outrora zombava de mim, pois havia sido apenas desconhecimento da verdade. A distração ocasionada pelas responsabilidades familiares era uma interrupção bem-vinda da tristeza, mas a ira acabava interrompendo tanto o lamento quanto o trabalho doméstico. Ela gritava por minha atenção.

Voltei ao início do meu casamento e reconstruí as lembranças de acordo com a verdade. A honestidade, com seu alto preço doloroso, era o único caminho para lamentar-se, reconstruir a verdade e curar-se.

Eu não sabia o que fazer com a minha aflição e minha perda. Sabia que precisava da graça de Deus, mas, quando ousei ser sincera comigo mesma, senti que Deus havia me traído também. *Senhor, tua Palavra diz que nós colhemos o que semeamos. Nunca fui infiel ao meu marido. Como posso confiar em ti quando parece que não cumpriste tua promessa para comigo?*

Somente quando lia os salmos, eu conseguia ficar ligada com Deus, especialmente aqueles em que Davi expressa a sua angústia. Li Salmos 13.1-3 centenas de vezes:

> Até quando te esquecerás de mim, Senhor? Para sempre?
> Até quando esconderás de mim o teu rosto?
> Até quando consultarei com a minha alma, tendo tristeza no meu coração cada dia?
> Até quando se exaltará sobre mim o meu inimigo?
> Atenta em mim, ouve-me, ó Senhor, meu Deus; alumia os meus olhos para que eu não adormeça na morte.

Várias vezes recitei os versículos 5 e 6 em voz alta, na esperança de robustecer a minha débil fé:

> Mas eu confio na tua benignidade; na tua salvação, meu coração se alegrará.
> Cantarei ao Senhor, porquanto me tem feito muito bem.

Eu queria perdoar Timóteo, mas a minha dor argumentava com minha vontade. Deveria esperar que a dor amainasse antes que pudesse perdoá-lo? Minha autopiedade aumentava a cada indulgência. Eu estava miserável, e não fazia ideia do que poderia ajudar. Aquele foi um dos piores momentos da minha vida. Era muito difícil para mim crer que Deus se importava e que a dor algum dia terminaria. E se eu conseguisse perdoar, a dor permaneceria?

Entendendo sobre o Vício

Timóteo estava lendo o livro *Out of the Shadows*, do Dr. Patrick Carnes, um notável psicólogo especializado no tratamento da compulsão sexual. Estava tão impressionado com a leitura que nos inscreveu para um dos seminários do Dr. Carnes.

"Espero não conhecer ninguém aqui", eu disse, enquanto entrávamos cautelosamente no hotel.

Com uma voz gentil, Dr. Carnes narrou abertamente a sua própria história, o que logo de início nos desarmou. Ele desenhou a forma de um polvo no quadro e explicou que a dor se encontra no meio. Quando esta se torna intolerável, os viciados buscam conforto por meios doentios. Por exemplo, os que são viciados em sexo podem recorrer à pornografia, mas se esta não estiver disponível, podem voltar-se para a comida, o álcool, ou para o trabalho. Se uma "perna" de comportamento for cortada, outras crescem proporcionalmente maiores. O problema não está no comportamento do dependente. *O problema está na dor*. O vício continuará até que finalmente se lide com a dor que está no centro.

O problema é a dor? A questão do vício sexual não é o sexo, mas a dor? Nunca ouvira aquilo antes. Timóteo não estava procurando sexo por prazer — na verdade o sexo era um analgésico para ele, uma droga. Deixei que essa nova informação percorresse minha mente. Pensamentos que tinham me deixado confusa agora começavam a emergir sob diferente luz. Tínhamos um bom relacionamento sexual, logo o vício não fazia sentido. Mas se conforto e escape eram o que Timóteo buscava, então era possível ver o problema com um pouco mais de entendimento. Quanto mais ele se entregava às fugas sexuais, tanto mais vergonha sentia, e assim o mecanismo se alimentava como um círculo. Finalmente, o comportamento de Timóteo passou a fazer sentido para mim. Alcoólicos recorrem ao álcool; sexólicos recorrem ao sexo — ambos estão tentando escapar à dor.

O Dr. Carnes ainda explicou que as crianças são predispostas ao vício nos primeiros anos. Se alguns cuidados básicos lhes faltam, elas olham além de si mesmas em busca de afirmação. Se um comportamento oferece alívio para a dor dos seus sentimentos de vergonha e desvalor, então consequências perniciosas tornam-se um preço aceitável a ser pago.

Bem, eu estava aliviada; meu medo de rejeição era infundado. Até então, eu estava lidando com o vício de forma *pessoal*, mas agora meu foco se transferia do comportamento para a sua causa. *Que agonia existe ali, no centro?* Eu nunca vira meu marido desse modo. Timóteo estava preso em um círculo destrutivo, em que qualquer tentativa de aliviar sua dor piorava o problema. Deus sabia exatamente de que eu precisava para perdoar Timóteo — precisava entender o seu coração.

A verdade sobre o vício sexual não era tão ruim quanto eu temia. As mentiras em que acreditei, sim, eram mais dolorosas do que a verdade. O comportamento de meu marido não definia quem eu era. Desse modo, o entendimento sobre o mecanismo do vício me fortaleceu, como a verdade sempre faz.

Pular Passos não Funcionará

David Augsburger é um autor que tem escrito extensivamente sobre o perdão. Ele explica: "Pode soar gracioso e amável, mas, de um modo geral, a pessoa que perdoa de forma prematura, pronta ou incondicionalmente está tentando evitar o duro trabalho no processo do perdão. Está dizendo: 'Não quero lutar'. Isso conduz a uma forma de negação sancionada religiosamente". E ele continua: "Os doze passos* revelam um instinto muito melhor, e mais bíblico, com relação ao que é apropriado quando se fere alguém. O foco não está em pedir perdão, mas em emendar-se... em demonstrar arrependimento".[2]

Timóteo confessou o seu erro e está se corrigindo, mas isso não significa que é fácil perdoá-lo — significa que posso permanecer com ele. Se Timóteo não tivesse se arrependido, eu ainda teria de perdoá-lo, porém o fato violaria os limites para que continuássemos juntos.

As outras Mulheres

Uma noite, eu não conseguia tirar da mente pensamentos de Timóteo com outras mulheres. Levantei-me da cama e me apoiei na porta. "Senhor, por favor, ajuda-me a perdoar Timóteo. É o que quero, mas não sei como fazê-lo."

Imediatamente, senti a resposta de Deus: "Apenas o aceite".

É isso o que preciso fazer? Virei-me e olhei para o meu marido deitado na cama — meu marido em processo de recuperação do vício sexual — cujo comportamento havia me elevado às mais altas alegrias da vida e também às mais profundas amarguras que eu não sabia que existiam. Ali, no meio da noite, escolhi aceitá-lo; por inteiro, o que tinha de bom e de doloroso; as partes inteiras, e também as quebradas. A paz entrou em meu inquieto coração. Voltei para o lado de Timóteo na cama e adormeci.

Eu tentei aceitar o pecado; Deus queria que eu aceitasse o pecador: "... suportando-vos uns aos outros e perdoando-vos uns aos outros, se algum tiver queixa contra outro; assim como Cristo vos perdoou, assim fazei vós também" (Cl 3.13). Quem pode perdoar assim? O melhor que eu podia fazer era *escolher* perdoá-lo; *querer* perdoá-lo.

"O mandamento de Jesus é difícil, indescritivelmente árduo, para aqueles que tentam resistir-lhe. Mas para aqueles que desejam se submeter, o jugo é suave e o fardo, leve... Nada Jesus nos pede sem antes nos conceder o poder de realizá-lo. Seus mandamentos jamais pretendem destruir a vida, mas promovê-la, fortificá-la e curá-la" (Dietrich Bonhoeffer).[3]

Quando convidei Jesus para ser Senhor da minha vida, ainda criança, Ele me deu um novo coração. Eu havia tido apenas algumas orientações sobre a graça contida no perdão — até então. Seu perdão é sem limites; a única coisa que o limita é a minha vontade.

"Em verdade vos digo que, quando o fizestes a um destes meus pequeninos irmãos, a mim o fizestes" (Mt 25.40). A maneira como tratamos os outros é como tratamos o próprio Deus. A maneira como você trata o seu cônjuge é como você trata a Jesus.

***N. do T.:** "Os Doze Passos" é um programa criado nos EUA na década de 1930 inicialmente para o tratamento do alcoolismo. Foi mais tarde estendido para praticamente todos os tipos de dependência química e compulsões. É a estratégia central utilizada pela maioria dos grupos de autoajuda.

Capítulo 4

O LAMENTO

"Ela entrará e sairá de cada estágio até que seu coração se esvazie da dor. O que ela mais precisa é de um grupo de apoio."
— Russell Willingham, *Breaking Free* [Rompendo em Liberdade][1]

OS ALICERCES DO MEU CASAMENTO CEDERAM quando Timóteo confessou sua infidelidade. Meus pensamentos se voltaram para o início da nossa união. Esquadrinhei minuciosamente minha memória à luz da revelação do meu marido, e tinha uma tarefa indesejável pela frente: voltar ao tempo e descobrir a verdade dos últimos dezenove anos de casamento. As recordações emergiram em minha mente.

À noite, sozinha em minha cama, virei-me tentando ouvir o carro de Timóteo entrando em nossa garagem. Com frequência, ele chegava em casa mais tarde do que devia. Perguntei-lhe sobre todas as vezes que chegara tarde. Os detalhes da infidelidade eram excruciantes, mas eu precisava saber a verdade, sofrê-la e, por fim, aceitá-la. A cada dia, dediquei tempo para lamentar-me e sofrer a minha dor. Sentia-me humilhada, embaraçada e ingênua, mas estes eram os verdadeiros sentimentos que eu precisava encarar.

Chorei copiosamente, em especial à noite, quando a escuridão oferecia pouca distração. Pela manhã, eu expressava os meus sentimentos a Deus na privacidade do meu diário. Quanto mais acuradamente eu consegui definir os meus sentimentos, mais fácil tornava-se para mim aceitá-los. Se alguma emoção restasse sem que fosse definida e expressada, logo passava a me oprimir e permanecer em mim.

Muitas vezes, eu decidia terminar o meu lamento, mas isso não passava de um desejo. Não havia atalhos — os sentimentos simplesmente tinham de ser *sentidos*. Eu não podia controlar o processo; precisei me submeter a ele quer gostasse, quer não. E muitas vezes fiquei ressentida por isso.

Enquanto isso, Timóteo sentia-se aliviado pelo fato de seu segredo ter vindo à luz. Minha aflição parecia exagerada se comparada à gratidão dele. Eu não estava nem um pouco satisfeita com o fato de ele não estar tão miserável quanto eu. Desse modo, minha tristeza causava solidão que, por sua vez, tornava-se outra perda a ser lamentada.

Sou cristã. Preciso de fato me lamentar? Não seria falta de fé da minha parte? As dúvidas me atacaram no momento em que estava mais incapacitada pela traição.

Os Estágios do Lamento Saudável

Elizabeth Kubler-Ross identificou cinco estágios no processo de lamento da perda, tão necessários para se aceitar a morte de uma pessoa importante para nós. A perda da fidelidade em meu casamento gerou sensações piores do que eu imaginava que a morte pudesse causar.

Passei por cada um dos cinco estágios da lamentação: negação, ira, negociação, depressão e aceitação. Em seu livro, *Bonding: Relationships in the Image of God* [Laços de União: Relacionamentos à Imagem de Deus"], Donald M. Joy declara: "Observo que o processo de chorar a perda leva bastante tempo onde existe um efeito ioiô pelo qual a pessoa que fez todo o trajeto em direção à aceitação vê-se, de repente, sofrendo um instante de negação, ira ou negociação. A cada descida, é necessário trabalhar o caminho de volta para cima".[2]

A fase da *negação* isola a pessoa do choque como se fosse um anestésico. Quando Timóteo revelou seu vício sexual, o pensamento que me ocorria todo o tempo era: "Não posso acreditar que isso esteja acontecendo". Eu nem mesmo chorei. Estava naquele estágio de negação por dezenove anos! No primeiro ano de nosso casamento, Timóteo confessou-me que tocou "os seios de uma mulher" no parque. Eu *jamais* mencionei o fato depois, e nem mesmo *pensei* naquilo de novo.

Numa manhã, Timóteo tentou pôr os braços em minha volta, mas imediatamente eu o repeli. De repente, fiquei consumida pela *ira*. Aliás, eu estava irada por, pelo menos, seis meses. Centenas de vezes, perguntei: "Como você foi capaz?"

Timóteo teve duas recaídas, cada uma com duração de vários anos. Quando finalmente confessou, o processo de lamento recomeçou, tudo outra vez, exceto o fato de que eu estava muito mais irada e desencorajada.

A *negociação* é o último dos três passos que são centrados na pessoa. "Deus, servirei a ti se ele apenas se arrepender". Minha propensão para pensar como vítima fez deste um estágio desagradável. Eu achava que minhas ameaças e meus resmungos eram totalmente apropriados, mas quando comecei a frequentar o grupo Doze Passos, aprendi que usava a pena para tentar manipular meu marido e controlar o seu vício.

A *depressão* é o quarto estágio: "A depressão é fundamental para recupera-se do pesar. Os pensamentos negativos são o primeiro avanço para o 'mundo do outro'... A depressão requer compreensão e afirmação de alguns poucos e confiáveis amigos".[3] Eu achava que nunca pararia de chorar. Lembro-me de dizer muitas vezes: "Quero ir a um lugar onde possa chorar o dia inteiro".

A *aceitação* permite-nos reconhecer que algo bom surgiu do relacionamento. "Eu não teria identificado minhas crenças problemáticas sem a experiência do vício."

Acalentando a mim Mesma

Juntei-me a um clube que se reunia ao ar livre, no qual eu podia expressar solenemente meus novos sentimentos. Compartilhei este poema em uma de nossas reuniões:

O que meu Jardim Fez por mim

Quando a dor da vida foi tamanha para resistir,
Deus visitou-me à janela: "É o momento de plantar.
Você precisa de um belo jardim
Para plantar, cuidar, vigiar, semear.

Quando as sementes produzirem as folhas,
Sentirá grácil alegria cobrindo a aflição,
Oh, quando forem longos os seus dias,
Cultive o jardim, e depressa passarão.
Quando obscurecida e fraca sua fé estiver,
Olhe bem uma flor e aprenda o seu ensino:
'Pode você tecer uma pétala sequer?
Por que tenta fazer o que é divino?
Outra vez coloque nas mãos de Deus a sua mente,
Confie nEle para cultivar o seu interior'".
Mesmo um jardim requer esforço diligente,
Pois o esmero sempre foi o meu norteador.
Perguntei a Deus como o jardim deveria ser,
Ele achou graça, e para mim sorriu,
"Instruí-la não é o que me dar prazer,
Agrada-me ver o que *você mesma* produziu.
O motivo da obra da criação vou lhe contar:
Foi para dar-lhe alegria e inspiração sem fim,
É a sua vez, agora, de a terra lavrar
E a minha vez de ver nascer o seu jardim."

Quando me sentia inteiramente consternada, chamava minha amiga mais íntima, e então ela simplesmente ouvia-me chorar. Algumas vezes, sussurrava uma oração ou proferia o meu nome, e eu continuava naquele estado por mais um longo dia de inextinguível pesar.

Marsha Means descreve este processo em *Living with Your Husband´s Secret Wars* [Lidando com as Batalhas Secretas de seu Marido]. "O desgosto e a agonia emocional experimentados por uma esposa que descobre a má conduta sexual de seu marido a esmagam e deixam-na estonteada... ela sente como se todo o seu mundo se desintegrasse... Embora chegue de forma violenta, a aflição não é nossa inimiga. Ela oferece o único caminho saudável para lidar com a perda. Experimentar a aflição não significa que você não tenha fé. Ao contrário, Deus nos deu a habilidade de lamentar a fim de poder ajudar-nos na cura de nossos corações partidos."[4]

Gatilhos

Oh, Senhor, estou tão apreensiva. Os aniversários são como poderosos gatilhos para mim.
"Celebre a intimidade que você pode ter comigo."

Um perfume, uma música ou um quadro podem lembrar-me de um tempo... e as lembranças esmagam-me com dor e melancolia. Imprevisíveis, os gatilhos produzem um efeito poderoso em nossas emoções. De repente, mergulhamos em sentimentos sobre os quais não temos nenhum controle.

Meu gatilho mais dramático foi o casamento de minha cunhada. Seis meses depois da revelação de Timóteo, o pastor que fez o nosso casamento realizou também a cerimônia dela. Ouvi a voz familiar do pastor repetir os mesmos votos tradicionais que dissera em nossa própria cerimônia vinte anos antes. Aqueles votos haviam sido violados inúmeras vezes por meu marido. Chorei durante toda a semana seguinte.

Finalmente, fui confortada quando aprendi que Deus compartilhava dos meus sentimentos dolorosos.

Capítulo 5

O CONSOLO

"As aflições são apenas as sombras das asas de Deus."
— George MacDonald[1]

Naquele verão em que se deu a confissão de Timóteo, fui convidada para falar em um retiro de mulheres, durante um culto de comunhão. Estava ansiosa para partilhar meu renovado apreço pelo sangue de Cristo. Não importa quanto nosso pecado seja repulsivo, seu sangue nos purifica, deixando-nos alvos como a neve.

Depois da Última Ceia, "[...] chegou Jesus com eles a um lugar chamado Getsêmani e disse a seus discípulos: Assentai-vos aqui, enquanto vou além orar" (Mt 26.36).

Jesus desejava a *presença* deles.

"E, levando consigo Pedro e os dois filhos de Zebedeu [...]" (v. 37).

O Senhor queria que os seus melhores amigos estivessem o mais perto possível.

"A minha alma está cheia de tristeza até à morte; ficai aqui e vigiai comigo" (v. 38).

Mesmo sendo Deus, Jesus estava cheio de pesar? Pois é exatamente assim que me sinto — exceto pelo fato de que me sinto culpada, com receio de que minha fé esteja fraca.

"E, indo um pouco adiante, prostrou-se sobre o seu rosto, orando e dizendo: Meu Pai, se é possível, passa de mim este cálice; todavia, não seja como eu quero, mas como tu queres" (v. 39).

Ele *prostrou-se* sobre o rosto? Eu imaginava Jesus ajoelhado sobre uma rocha, com a face serena voltada para o alto, as mãos entrelaçadas em oração, e a túnica envolvendo-o graciosamente. Mas *não* é isso que o texto diz. Prostrado, desesperado, com sua boca no pó, Ele pleiteava com Deus: "Meu Pai, se este cálice não pode passar de mim sem eu o beber, faça-se a tua vontade" (v. 42). Jesus não queria a vontade do Pai. Na verdade, a dor, a rejeição e a traição o aterrorizavam.

O mesmo acontece comigo. Não quero contrair o vírus do herpes ou qualquer DST (Doença Sexualmente Transmissível). Não quero pensamentos de outras mulheres com o meu marido. Não quero que o meu cônjuge seja um viciado em sexo.

Jesus novamente perguntou a Deus — e depois novamente! Não haveria nenhum outro caminho que não a cruz? Jesus não a *queria*, e isso não o tornava rebelde; tornava-o honesto. Apesar de todos os seus sentimentos, Ele rendeu-se ao Pai (vv. 36-42). Jesus obedeceu porque *se rendeu*, não porque seus sentimentos se modificaram.

O Dr. Henry Cloud escreve: "Deus deseja ter um relacionamento conosco, mas um relacionamento só é possível entre duas pessoas livres. Quando Jesus esteve no jardim do Getsêmani, submeteu-se à vontade do Pai. No entanto, estava plenamente consciente de seus próprios desejos. A frase 'passa de mim este cálice' expressa o próprio desejo de Cristo, o qual depois foi submetido ao Pai. Ele teve seus próprios desejos e os expressou... Deus quer que sejamos pessoas verdadeiras e que de fato assumamos o que é nosso. Somente assim poderemos conduzir o que temos ao altar".[2]

No domingo pela manhã, entendi mais uma vez o custo do pão e do cálice do Senhor. Antes, eles representavam para mim Cristo, plenamente Deus. Agora, os elementos também representam Jesus, plenamente homem.

Havia expectativa no rosto das pessoas, então comecei: "O Getsêmani significa 'óleo extraído'. No jardim, Jesus já estava sendo esmagado e ferido por nós. Em breve, o precioso óleo do Espírito Santo seria derramado sobre a Igreja".

As mulheres choravam enquanto imaginavam Jesus partilhando com elas a luta para render-se em meio à dor. "Ele está assentado à direita do Pai intercedendo por nós neste momento, e sabe exatamente como nos sentimos".

Em seguida, *celebramos* a comunhão. O corpo de Jesus foi quebrado porque Ele compartilhou da nossa humanidade. Demonstrou como interagir com Deus em nossos momentos de angústia profunda:

com honestidade, pleiteando em desespero, expressando *tudo* o que está em nosso coração, até mesmo o medo da sua vontade. O Senhor nos ouve, aceita e entende. Então, ainda que não estejamos *sentindo* de acordo, podemos nos render à vontade dEle. A alegria que segue a obediência nos surpreende. Ele partilhou da nossa humanidade a fim de podermos partilhar da sua santidade.

Minha ira contra Deus se fora. Ele confortou-me em minha dor partilhando-a comigo, e por meio dessa amizade, senti-me compreendida. Pude então aceitar a vontade de Deus, e o que eu *queria* mesmo era submeter-lhe minha vontade.

Em seu livro, *Sonhos Despedaçados,* Larry Crabb explica: "... às vezes, passamos por experiências que parecem o inferno. Mas não se trata de um inferno de julgamento; antes, é o inferno de misericórdia... Os sonhos despedaçados nos submetem a uma dor que enfraquece o ferrenho controle que desejamos exercer sobre a vida e desperta o nosso apetite para a alegria inexprimível da Presença de Deus... Por meio da dor dos sonhos despedaçados, Deus está nos despertando para a possibilidade de infinito prazer". Ele me descreve muito bem:"Em sua angústia, as pessoas na jornada espiritual se entregam a Deus".[3]

"Eu sou a videira, vós, as varas; quem está em mim, e eu nele, este dá muito fruto, porque sem mim nada podereis fazer" (Jo 15.5).

O clássico devocional de Andrew Murray, *Abide in Christ* [Habite em Cristo], explica que os crentes são enxertados em Jesus, a Videira."Quanto maior for a semelhança entre o tronco ferido e o enxerto ferido... mais completa será a união deles."

E assim como alguém poderia dizer ao enxerto... enquanto estiver fixo em seu lugar: "Permaneça nos ferimentos do tronco que agora o sustenta", assim a mensagem chega à alma dos crentes: "Permaneça nas feridas de Cristo; é o lugar da união, da vida, e do crescimento... O tronco e o enxerto feridos são cortados para encaixar-se um no outro, para ajustar-se à semelhança um do outro. Existe um companheirismo entre os sofrimentos de Cristo e os seus sofrimentos".[4]

Capítulo 6

CODEPENDÊNCIA: A DEPENDÊNCIA AFETIVA PARA COM O DEPENDENTE

"Pensar os nossos próprios pensamentos é o começo da liberdade e responsabilidade."
— Dr. Henry Cloud, *Changes That Heal* [Mudanças que Curam][1]

ELE CAUSOU TODA ESTA DOR! Ele deveria fazer com que eu me sentisse melhor. Sara responsabilizava o marido por seus sentimentos. Afinal, ele tinha uma *dívida* para com ela — de longo tempo. Ela não conhecia ninguém que pudesse ser capaz de perdoar os tipos de violação que sofrera. *Ele não age como se tivesse algum remorso. Deveria se desculpar mais*.

Sara foi buscar a ajuda de um conselheiro, certa de que encontraria apoio para suas acusações. Logo depois que ela relatou o seu caso, Russell lhe disse:

— Acho que Deus quer que você lide com sua idolatria.

Sara engoliu seco e tentou manter-se calma. Não podia acreditar no que acabara de ouvir. *Minha idolatria? E quanto ao adultério do meu marido?*

—Você está colocando o seu marido no lugar de Deus — continuou Russell. —Você espera que ele satisfaça todas as suas necessidades como prova do amor e da fidelidade dele. Ninguém pode fazer isso senão Deus.

Sara permaneceu sentada, porém atordoada.

—Você quer dizer... você está dizendo que ele não é responsável pelo que estou sentindo? Ele fez coisas terríveis!

— Sim, ele fez; coisas pecaminosas e ultrajantes. E ele é responsável pelo comportamento que teve, mas não pelo que você está sentindo.

Confusa, Sara procurava entender as palavras de Russell. Sentia que ele queria fazê-la agarrar alguma verdade que ela não notara.

— Bill responsabilizou-se pelos próprios atos? — perguntou Russell.

— Sim; mas ainda me sinto tão rejeitada... — Os olhos de Sara estavam cheios de lágrimas.

— Claro que está, pois seu marido não lhe foi fiel. A traição causa uma tremenda perda, que precisa ser penosamente sofrida. Os seus sentimentos são legítimos, mas são *seus*. Não são de Bill. Você precisa responsabilizar-se pelos próprios sentimentos.

— Isso não me parece muito justo.

— Ele está determinado a não mais agir sexualmente fora do casamento?

— Ele disse que sim.

— É uma parte importante do arrependimento dele. Você acredita que ele está sendo verdadeiro?

— Acho que ser verdadeiro é o mínimo que ele pode fazer.

— Muitas mulheres que aconselhei invejariam a sua situação. Ele também ingressou em um grupo de apoio e comprometeu-se a ser responsável. Isso é demonstração de um arrependimento significativo.

— Nunca pensei desta maneira antes. Eu simplesmente esperava que ele fizesse algo.

— Suas expectativas são bastante irreais. Elas implicam que ele devesse ser responsável por curar *vocês dois*, mas ele só pode mudar a si mesmo.

Sara já não mais escutava com atenção, ocupada enxugando as lágrimas quentes que lhe caíam dos olhos. *Isso parece ser tão injusto.*

— Sei que não posso mudá-lo, e nunca pensei o contrário. Mas você está dizendo que ele não pode fazer parar esta dor que *ele mesmo causou*?

— Ele pode ajudar, até certo ponto. Mas somente Deus pode satisfazer todas as suas necessidades.

Bem, faz sentido. Mas nunca fiquei tão devastada antes.

— A intimidade com Deus é a única coisa que nos satisfaz completamente em qualquer situação — continuou Russell.

Como posso argumentar contra isso? Sara voltou os olhos vermelhos para o olhar fixo de Russel.

— Minha sugestão é que você se desculpe por manter Bill responsável pelo que você sente. Diga-lhe que você o tem colocado no lugar de Deus e não mais requererá dele aquilo que somente Deus pode prover. Explique que você deseja parar de controlar a sua recuperação e que devolverá a responsabilidade para ele. Você não poderá mudá-lo de jeito nenhum. E você também irá assumir a responsabilidade pela sua própria recuperação. Depois, Sara — ela olhou para ele com uma força em seu caráter a qual não sabia que possuía —, agradeça-lhe por estar levando em frente o combate.

Sara saiu do consultório de Russell sabendo que precisara ouvir tudo aquilo. A volta para casa lhe deu tempo para colocar em ordem os pensamentos. Ficara desconcertada com o fato de Russell não ter tomado seu partido; estava acostumada a colocar Bill na posição de réu. Entretanto, sentia um estranho alívio: *Não preciso do Bill para sentir-me melhor*. Ela não precisava ser apanhada nesta armadilha, pois os seus próprios sentimentos eram uma decisão *dela*. Bill não tinha poder de curar a dor que ela sentia, mas... tudo bem, porque *ela* tinha! Depois de um longo tempo, o primeiro sorriso esboçou-se em seu rosto, revelando uma nova esperança.

As Raízes da Codependência

"Codependência" significa "dependência para com". É normal dependermos de outras pessoas de vez em quando, mas quando nos voltamos com frequência para os outros a fim de termos as nossas necessidades satisfeitas, não estamos assumindo a responsabilidade por nós mesmos — entregamo-la a outro.

Começamos a nossa vida totalmente dependentes. Aprendemos a confiar quando nossas carências são atendidas. À medida que aprendemos a satisfazer nossas necessidades por nós mesmos, desenvolvemos a autoconfiança. No entanto, se o atendimento lá atrás falhou por um pouco, nós internalizamos que há algo de errado conosco, senão nossa necessidade teria sido atendida. Assim, nosso senso de valor diminui. Em vez de percebermos que podemos confiar em nós mesmos, vamos até outras pessoas para aumentarmos nosso senso de valor. É desse modo que deixamos que outros exerçam poder sobre nós.

As famílias saudáveis não são perfeitas, mas oferecem graça em lugar de crítica. Os pais crentes podem conduzir seus filhos a Cristo, que perfeitamente os aceita."Deus pode exclusivamente curar a humilhação em nosso âmago, junto com nosso senso de valor próprio distorcido. Somente a visão que Deus tem de nós preenche a necessidade que temos de sermos aceitos e confirmados incondicionalmente. Em resumo, precisamos parar de olhar para os outros... em busca de um senso de valor pessoal. Em vez disso, precisamos nos apropriar da visão de Deus a nosso respeito de acordo com a sua Palavra."[2]

Perceber que Deus nos trata com carinho nos ajuda a aceitarmos a nós mesmos, e a autoaceitação *não* é opcional para se alcançar a integridade. John Powell escreve: "Esta necessidade é de um *profundo e verdadeiro amor a si mesmo*, de uma *autoaceitação genuína e feliz*, e de uma *autêntica autoestima*, que resultam em um *senso de celebração interior*: 'É muito bom ser eu mesmo... sou muito feliz de ser eu mesmo!'".[3]

Sara lembrou-se da visita que fizera à sua primeira conselheira. Entre um soluço e outro, ela disse a Susan:

— O vício de meu marido é minha culpa? Não satisfaço as necessidades dele?

— Não, Sara. Você não pode fazer as escolhas por Bill. Ele é o único responsável por seu comportamento. Na verdade, Bill não teve algumas de suas necessidades básicas atendidas quando ainda era menino, muito antes de vocês dois se encontrarem.

Sara estava aliviada. No grupo de apoio que frequentava, havia mulheres cujos maridos as culpavam por seu vício. Ela estava começando a entender que uma esposa não é responsável pelo comportamento de seu marido, e que *também o marido não merece censura pela reação da esposa*. Cada um é responsável pelos próprios sentimentos e pelas próprias escolhas.

Susan havia dito:"Somente duas pessoas inteiras podem ter um relacionamento saudável".

Sara pensava que seu marido era o único problemático. Não entendera que Susan estava referindo-se a ela. *Agora percebo que também sou problemática. Eu sabia que era codependente para com minhas amigas, mas não imaginava que era codependente para com meu marido.* Sara culpava o marido pelo que sentia, sem pensar duas vezes. Suas convicções codependentes eram parte de seu sistema de crença. *Isso precisa mudar!*

Sara estava obcecada pelo vício sexual de Bill, mas agora começaria a focalizar a si mesma. *Ele depende de sexo para sentir-se melhor, e eu dependo dele para sentir-me melhor. Estamos fazendo a mesma coisa! Nenhum de nós dois está deixando que Deus preencha nossas próprias necessidades.*

A partir do momento em que chegou em casa, Sara não mais olhou Bill com superioridade. Ambos estavam igualmente quebrados, necessitando de cura. Se as suas mais profundas necessidades fossem supridas por meio de um relacionamento íntimo com Deus, então não dependeriam mais de outros ou de atividades que não podem satisfazê-los jamais.

Ela seguiu até o pátio da casa com uma xícara de chá gelado, abriu o seu diário e começou a escrever:

Senhor, muita coisa mudou esta manhã. Eu pensava que se eu continuasse tentando, Bill finalmente aprenderia a preencher minhas necessidades. Obrigada por esta nova esperança que hoje encontrei. Por favor, perdoa-me por colocar pessoas e coisas em teu lugar. Não preciso ficar carente emocionalmente por causa das limitações de Bill; o Senhor deseja suprir as minhas carências. Ajuda-me a derrubar outros ídolos: shopping, decoração, comida... Quero desfrutar o relacionamento que sempre ansiei ter contigo — aquele que Jesus deu tudo para ter comigo. Em nome de Jesus, amém.

Capítulo 7

O SISTEMA DO VÍCIO

"Você nunca saberá como se parece o seu marido até que tente desenhá-lo, e nunca o entenderá até que tente escrever a história dele." — Brenda Ueland[1]

"Um dos aspectos da vergonha mais claramente identificáveis nas famílias é o comportamento do vício."
— Merle Fossom e Marilyn Mason, *Facing Shame* [Enfrentando a Vergonha][2]

A PRIMEIRA VEZ QUE ENTENDI O MEU MARIDO ocorreu quando frequentamos o seminário do Dr. Patrick Carnes. Todo o nosso foco estava direcionado para o comportamento sexual, e ficamos chocados ao saber que este se tratava apenas de um sintoma. Para se obter a cura é preciso tratar da causa: a dor do viciado.

Dor? Estou devastada e agora preciso entender a dor dele? Não é a minha vez de ser consolada? Isso dá a impressão de uma nova traição!

É um enorme desafio reconhecer as feridas do seu cônjuge enquanto você está no meio da sua própria dor. Muitos decidem manter o relacionamento se o sexólico assumir a responsabilidade por seu comportamento, com alguma demonstração de arrependimento: ingressando em grupos de recuperação, buscando aconselhamento, não viajando sozinho, e até mesmo arranjando testes detectores de mentira a fim de restaurar a confiança. Enquanto isso, você pode ter de atender às necessidades das crianças, do trabalho, ou as duas coisas. Você precisa perdoar, sofrer a dor, ser honesta, cuidar da casa e alimentar-se. Será que você pode confiar em Deus novamente? Você deve se abster de relacionar-se sexualmente? Deveria contar o caso a alguém? Você *nunca* passou por tanta dor em sua vida e ainda tem muita responsabilidade.

A pergunta que atormenta é: "O vício sexual é minha culpa?" Muitas de nós acham que a recuperação de nosso cônjuge implica que todo o relacionamento seja curado. Compreender como funciona o sistema do vício esclarece muitas questões, mas é provável que também revele a nossa própria disfunção.

"Sexo é a razão número 'um' para os adultos americanos usarem a internet; um terço de todas as visitas são direcionadas às páginas de sexo da Web... Metade dos viciados em cibersexo são homens, metade são mulheres", é o que revela o Prodigals International, um ministério cristão experiente na recuperação da dependência sexual, segundo o qual 25% dos homens casados tiveram casos amorosos depois de se tornarem crentes.[3]

Os dependentes de sexo e também os codependentes provêm de famílias com disfunção. Mais de 90% relatam ter sofrido abuso emocional, mais de 70%, abuso físico, e 81%, o abuso sexual".[4]

As famílias disfuncionais possuem um defeituoso sistema de crenças básicas que são internalizadas pelas crianças nos primeiros anos. Essas crianças desenvolvem um senso distorcido da realidade, levando-as a pensar que:

- Não são pessoas de valor;
- Ninguém as aceitaria se realmente as conhecesse;
- Não podem depender de outros para ter suas necessidades satisfeitas.

O sexo é sua necessidade mais importante.

O modo corrompido de pensar ilude o viciado, no sentido de justificar o seu comportamento sexual inadequado. À medida que ele escapa à dor criada pela vergonha, a vida vai ficando cada vez mais fora de controle. Essa falta de controle da situação cria ainda mais vergonha, e a dor torna-se tão intensa que precisa ser aliviada com algum comportamento prazeroso. Daí segue-se mais culpa e vergonha, reforçando a opinião do viciado acerca de si mesmo: a de que ele é uma pessoa detestável e má. Desse modo, o sistema do vício se perpetua. "O sexo é o que mantém o isolamento suportável."[5]

Como é possível que pessoas de bons valores violem seus próprios padrões? Elas racionalizam até que tenham criado um compartimento mental onde sua má conduta sexual é armazenada. Meu marido removia a aliança do dedo quando entrava nessa área compartimentada da sua vida. Ele até mesmo utilizava um outro nome: identificava-se como "Mike", em homenagem ao primeiro garoto que lhe entregou uma revista pornográfica. Depois de toda a representação, ele fugia com terrível vergonha de volta para sua vida habitual. Colocava novamente a aliança de casamento enquanto mentalmente saía daquele compartimento.

As famílias com valores fundamentais suprimem os "maus" sentimentos negativos, como a ira, por exemplo. Como resultado, temos homens gentis e hipersensíveis que reprimem os sentimentos negativos. Profissionais úteis como conselheiros, professores e líderes espirituais atraem essas pessoas, mas também as colocam em risco. Jennifer Schneider escreve: "Para quem está iniciando na dependência do sexo... as oportunidades são fartas para ele manifestar o comportamento compulsivo".[6]

O sistema do vício consiste em:

- Um defeituoso sistema de crenças — sentimentos de vergonha e de baixo valor próprio.
- Um modo de pensar corrompido — ilusão do viciado, que continua a acreditar em mentiras que sustentam suas crenças deformadas.
- Falta de controle — aumento da atenção no vício, em detrimento do trabalho, dos relacionamentos e das responsabilidades.
- O ciclo do vício — um método autodestrutivo de alívio da dor.

O Dr. Carnes explica que o ciclo do vício possui quatro passos e fica mais drástico a cada repetição. A atividade sexual é o sintoma que enxergamos, portanto é natural que focalizemos o comportamento, em lugar das crenças distorcidas que o causaram. De acordo com o Dr. Carnes,[7] os passos do ciclo do vício são:

Inquietação: uma busca obsessiva de estímulo sexual.
Ritualização: rotinas que despertam e causam excitação.
Compulsão sexual: obtenção do orgasmo.
Desespero: desesperança perante a impotência.

O ciclo vicioso é difícil de ser interrompido depois de iniciado. Uma mudança efetiva trata de todo o sistema do vício, especialmente dos valores e das crenças que constituem a sua base.

"[...] Porque de quem alguém é vencido, do tal faz-se também servo." (2 Pe 2.19)

As crenças *causam* o comportamento. Elas escravizam o viciado mais do que o comportamento em si, pois este pode ser substituído caso seja inviável. É comum o cruzamento de vícios como drogas, jogo, álcool, comida e outros.

"Até que lidemos com os pontos centrais, nossos esforços de mudança provavelmente resultarão em nada mais do que uma troca de vícios; conseguimos abandonar, por exemplo, o alcoolismo, mas, porque não tratamos a dor subjacente, simplesmente o substituímos por outra coisa que amorteça esta dor, como por exemplo o vício pelo trabalho."[8]

Nosso primeiro conselheiro era um psicólogo comportamental. Uma vez que ele tratou apenas do comportamento de Timóteo, e não das crenças autodepreciativas que o causaram, acabou reforçando as severas regras autoritárias que os pais desequilibrados de Timóteo lhe impuseram. Na verdade, mais prejudicou do que fez bem. Era de se prever que Timóteo tivesse uma recaída, levando anos para confessá-la.

Quando um viciado tem sua vida secreta exposta *e* experimenta a aceitação, ele pode compartilhar seus sentimentos dolorosos. Então nasce um novo ciclo: a autodescoberta permite o entendimento, resultando em intimidade e autoaceitação.

Steve Arterburn afirma: "Somente quando a compulsão é entendida, somente quando a recuperação é iniciada, existe alguma esperança para um relacionamento de amor autêntico. Então, há esperança para a autoaceitação, e para partilhar quem você verdadeiramente é com outro ser humano".[9]

Patrick Means explica: "Quando trazem os sentimentos à luz ao invés de mantê-los escondidos, as pessoas descobrem que seus sentimentos perderam a força".[10]

Houve vezes em que pensei que jamais me recuperaria da dor da infidelidade. Abraçar a dor foi o preço que paguei para tornar-me consciente da minha disfunção. Foi o preço para ingressar em um sistema de crenças saudáveis. Foi o preço para interromper um sistema vicioso que estava escravizando os meus filhos. Foi o preço para eu conseguir uma casamento saudável, e também o preço para ter um relacionamento íntimo com Deus e com as outras pessoas. Cada lágrima valeu a pena.

Agora você pode ver por que entender o sistema do vício foi o momento decisivo do meu relacionamento com Timóteo. De fato, foi o momento decisivo da minha vida.

As Características da Família Disfuncional

"Ou falamos abertamente acerca dos nossos sentimentos ou iremos representar." — John Powell[11]

Entender como funciona o sistema do vício desafiou a minha "realidade", que era fundada em mentiras internalizadas por mim quando criança. Eu pensava que nossas famílias eram normais; todavia, fiquei chocada ao descobrir que minha família era tão disfuncional quanto à de Timóteo.

John Powell declara: "Tudo depende e surge de quanto somos abertos para conosco. Quando perdemos a habilidade de apreciar a nós mesmos e desfrutar quem somos, toda sorte de escuridão e dor aflora na tentativa de preencher o vazio".[12]

Crenças básicas distorcidas são a fonte da dependência e da co-dependência. As famílias disfuncionais têm em comum os seguintes traços característicos:

- Erro quanto ao grau de intimidade (permitem que cada um viva no seu canto quando estão sentindo *alguma coisa*)

- Abandono
- Dependência de drogas (inclui fumo e álcool)
- Pais autoritários
- Sexo como algo vergonhoso
- Hipervigilância (a "leitura" dos sentimentos do outro determinará "nosso próprio" comportamento.)
- Segredos familiares não resolvidos
- Sentimentos que causam abatimento (vergonha e nulidade)
- Rejeição do sexo do bebê (o pai de Timóteo foi abandonado em um orfanato pelo pai; obviamente, ele preferia uma menina.)
- Controle
- Sexualidade precoce (de nudez inadequada dentro de casa até abuso sexual)
- Bode expiatório na família (minha irmã sofreu o fardo da culpa)
- Crítica excessiva (aceitação condicional; a aparência, especialmente o peso, é totalmente importante)
- Questões não esclarecidas e dolorosas (conflitos raramente resolvidos)
- Valorização do desempenho em detrimento da pessoa (expectativas exorbitantes, superestimação do trabalho)
- Negligência
- Mães superprotetoras e pais ausentes ("As mães, com boas intenções, esforçam-se para tapar a brecha deixada pela ausência dos pais... O filho torna-se o guarda emocional e confidente da mãe, e nunca desenvolve vínculo com o pai. Estes homens amadurecem não apenas com uma masculinidade ferida, mas também com uma dependência doentia de aprovação feminina.")[13]

Timóteo era extremamente ligado à mãe. Quando eu expressava minhas emoções, ele retirava-se irado. Eu achava que Timóteo sentia-se desconfortável com sentimentos porque sua família raramente expressava alguma emoção, até o dia em que li: "Entrei na fase adulta com um vício por aprovação feminina e uma reação explosiva à ira das mulheres... Mas o que acontecia de fato era nada mais que um menino usando suas habilidades ultrapassadas de sobrevivência".[14] Desesperado pela aprovação de figuras maternas, Timóteo entrava em pânico a qualquer sinal de ira. Pergunto-me se sua necessidade de aprovação das mulheres não foi a razão para que saísse em busca de prostitutas. Elas nunca o rejeitaram.

Em seu livro, *Women, Sex, and Addiction* [Mulheres, Sexo e Vício], Charlotte Kasl declara: "Adultos viciados em sexo são, essencialmente, meninos escondidos em corpos crescidos, desesperadamente ávidos por pais que os amem incondicionalmente".[15]

Deus nos Protege

Eu tive todos os ingredientes disfuncionais para tornar-me uma viciada. Sou feliz porque, no começo da minha caminhada cristã, o Senhor tornou claro para mim que eu não devia beber nada alcoólico.

Muitos anos da minha vida foram carregados de perdas: dois de meus filhos envolveram-se com drogas e frequentaram grupos de recuperação antes que eu pudesse imaginar que precisaria frequentá-los também; Timóteo revelou sua compulsão sexual; uma amiga de meu filho cometeu suicídio em nossa casa; vendemos o nosso negócio, mas perdemos grande parte dos lucros por causa de práticas ilegais dos compradores; Timóteo reincidiu no vício; mudamos com cinco filhos para uma casa pequena e começamos novamente.

Se a bebida alcoólica fosse para mim uma opção, eu teria escapado à boa quantidade de dor — por um tempo. No entanto, teria-me custado a família, a saúde e meu autêntico eu.

Muitas vezes, ouvi minha mãe dizer-me: "O que você realmente precisa é de um copo de vinho".

O que realmente preciso é sentir esta dor, não tentar fugir dela.

Deus conhece as nossas fraquezas. Não estamos condenados a repetir as disfunções que herdamos. Ele nos resgata — até de nós mesmos. Eu apresentei raiva, um modo de pensar como vítima, compulsão por comer e gastar, entre outras deficiências para com meus filhos, mas eles tinham um Deus que interveio onde falhei.

Se Deus incutiu em minha mente que eu não devia consumir álcool e repetir os métodos tradicionais de minha família para entorpecer a dor, então Ele pode proteger meus filhos contra meus defeitos. Deus deseja nos libertar para vivermos como Ele planejou: refletindo gloriosamente o seu amor.

Capítulo 8

CODEPENDÊNCIA: O AGRAVAMENTO (FACILITAÇÃO) DO VÍCIO

"Todos nós sofremos de algum vício... as dinâmicas psicológicas, neurológicas e espirituais de um vício em andamento estão em ação dentro de cada ser humano... Além disso, nossos vícios são os nossos piores inimigos." — Gerald G. May, *Addiction and Grace* [Vício e Graça][1]

EU NÃO APENAS ERA UMA CODEPENDENTE EMOCIONAL; era tão viciada quanto Timóteo. Para medicar a minha dor, usava outras coisas sem ser o sexo. Mas isso foi o que tornou dependente o meu comportamento: procurava escapar à dor, em vez de enfrentá-la.

Podemos estar alquebrados, mas permanecemos para sempre como amados de Deus. Aceitar isso como nossa identidade é o que nos traz a cura. Brennan Manning escreve: "A autoaceitação que emerge do fato de eu abraçar a essência da minha identidade como filho do Pai capacita-me a ver minha total decadência com completa honestidade e abandono à misericórdia de Deus. Como disse minha amiga, a irmã Barbara Fiand, 'integridade é possuir quebrantamento e, desse modo, ser curado'".[2]

Eu pensava que aceitar o meu quebrantamento me traria a cura, mas o tempo foi passando e os problemas continuaram. Foram necessários mais três anos de recuperação para que eu fosse honesta *comigo mesma*. Meus sentimentos estavam enterrados; as emoções de meus pais dominaram a nossa família, então aprendi a não fazer caso de mim mesma. Como ensina Patrick Means, "Você não pode curar o que não sente".[3]

O comportamento dos outros define o valor das pessoas codependentes. O Dr. Carnes afirma: "Os codependentes sentem que ter um cônjuge sexualmente fora de controle é uma declaração sobre si mesmos".[4] Se temos um cônjuge viciado em sexo, então algo está errado conosco. Tentamos controlar nosso cônjuge, porque acreditamos que a nossa identidade está em jogo. A sensação de estar sendo controlado envergonha o sexólico, alimentando o ciclo do vício. Uma pessoa que se empenha a mudar o comportamento do viciado, mas acaba contribuindo para o vício é, na verdade, um codependente.

"A codependência é uma doença obsessiva em que a reação ao vício do cônjuge causa perda da personalidade... O codependente é parte da vida dupla do viciado."[5] O comportamento de um codependente não apenas incentiva o vício, mas também o coloca em primeiro lugar.

Eu estava contente por parar de humilhar a mim mesma. Pelo menos isso é comum a todos nós, quer percebamos, quer não. Quando aprendi que a codependência se desenvolve em famílias disfuncionais, senti-me envergonhada — de sentir vergonha. Se eu precisava de alguma prova de que era disfuncional, então ali estava!

Minha família tinha problemas, mas todas não têm? Nunca me perguntei se éramos uma família normal, saudável. Li sobre algumas características de famílias problemáticas: falta de afirmação, valorização do desempenho em detrimento da pessoa, bode expiatório na casa, regras para evitar conflitos, esforços não validados, proibição de cometer erros, declarações do tipo "você não consegue fazer nada direito" ou "você pode fazer melhor", expressões limitadas de carinho, apoio condicional, abandono, negligência, ofensas, crítica excessiva, segredos não revelados, altos padrões de performance, ênfase no que é certo ou errado, baixo conceito de "nós", constrição dos sentimentos, dor, questões não resolvidas, necessidades negadas, censura e limites pessoais não respeitados.[6] Entre as minhas lembranças maravilhosas, minha família praticamente não tinha apresentado nenhuma dessas características! *Seria isso mesmo?*

Apanhei o livro *Silent Shame* [Vergonha Silenciosa], de Patrick Carnes, e desta vez li em voz alta a lista para o meu marido: autoconceito negativo, esforço para ter alto desempenho, falta de percepção quanto aos limites pessoais e os próprios sentimentos, sacrifício das necessidades pessoais, perfeccionismo, fadiga frequente, comportamentos compulsivos, desconfiança das pessoas, relacionamentos possessivos, alta necessidade de controle. Cada uma das características me descrevia.

— O que você acha desta lista? — perguntei.

— Acho que ela reflete sua família.

Uma lembrança após outra começou a emergir, como a vez em que meu pai ganhou uma multa de trânsito: "Ei, garotos, por que não me disseram que havia um policial atrás de nós?" *Repreensão.* Fiquei envergonhada por ter causado a situação. Ele me ensinara a misturar as bebidas dele quando eu tinha doze anos. *Culpa,* facilitar que ele bebesse.

Mais uma vez, eu tinha a tarefa indesejável de fazer uma retrospecção honesta e verdadeira de vinte anos da minha vida. Dessa vez, com a minha família de origem. *Sinto-me como uma traidora. Há milhões de coisas positivas sobre a minha família. Será que não posso focalizar nelas e esquecer as que foram desonrosas?*

Então, lembrei que dissera ao meu filho naquele dia: "Você tem ideia de quanto faço por você? O mínimo que você poderia fazer era..." *Manipulação através da culpa. Controle. Humilhação.* Fiquei coberta de tristeza.

Chorei enquanto me lembrava de alguns eventos de minha infância. Meu pai sempre dizia: "Se eu quiser que alguma coisa seja bem feita, então tenho de fazê-la eu mesmo". *Pensando como vítima. Humilhação. Falta de confiança no outro.* Estas eram algumas das muitas crenças disfuncionais internalizadas por mim. Sentimentos de deslealdade acompanhavam cada lembrança. Eu estava traindo as regras da família: não sinta, não fale, não conte. Mantenha as aparências.

Chorei durante dois meses, lamentando as minhas perdas recém-descobertas. Eu estava com tanta ira! Tive de passar pelos estágios do lamento novamente, e mais uma vez fiquei ressentida por ter de passar por todo o processo.

Durante esse tempo, conversei com minha mãe e minha irmã, e fazer isso é algo que não recomendo. Eu sentia raiva e as culpava, o que apenas feriu nosso relacionamento ainda mais. A única maneira de ultrapassar o processo de lamento é sofrer a tristeza e as perdas até aceitá-las.

A verdade traz cura. Havia disfunção, mas eu também herdara características nobres. A disfunção caracteriza a geração, e meus pais certamente quebraram algumas crenças doentias com as quais cresceram. Nenhuma família é perfeita; todos descendemos de Adão e Eva. Entretanto, a graça de Deus nos redime. Ele usa até mesmo os nossos defeitos para o nosso bem!

À medida que aceitei a disfunção em minha família de origem, parei de culpar os meus pais. A imperfeição é apenas uma parte deste mundo caído, e meus filhos terão perdas para lamentar quanto a *nossa* dinâmica familiar.

Perdoei os meus pais, tão especificamente quanto pude, com a ajuda de um conselheiro. Depois pedi perdão a Deus por minhas expectativas irreais e pelos pensamentos distorcidos que, com meu consentimento, formaram meu sistema de crenças e me levaram a rejeitar a mim mesma. Finalmente, fiquei curada de minha mentalidade codependente, que me obrigava a ser quem as pessoas queriam que eu fosse.

Esta oração ajudou-me a recuperar minha verdadeira identidade:"Deus amado, mostre-me a verdade sobre mim mesma, não importa quão linda possa ser" (Cec Murphey).[7]

"É tentador para o codependente... lançar toda a culpa em seu cônjuge perdido... a escolha do cônjuge não foi acidental. As principais crenças do codependente não iniciam quando este se casa com um viciado... As sementes do futuro codependente podem ser encontradas em sua família de origem."[8]

Para as famílias disfuncionais, a realidade é dolorosa demais para ser confrontada. Elas são um porto seguro para vários tipos de vício, como alcoolismo, perfeccionismo, doenças mentais ou doenças físicas crônicas, abuso psicológico, abuso físico, abuso sexual, e fundamentalismo religioso extremo. As regras familiares opressivas impostas pela desaprovação dos pais impedem a expressão de sentimentos ou problemas. As crianças aprendem a sacrificar suas emoções, necessidades e, algumas vezes, sua sexualidade ou corpo físico a fim de que os pais sintam-se bem sobre elas.

As famílias disfuncionais geram crianças disfuncionais, que por sua vez geram adultos disfuncionais — a menos que as crenças fundamentais distorcidas sejam substituídas pela verdade. Este é o nosso desafio como codependentes: Não sabemos que somos disfuncionais porque aprendemos a negar a realidade. Quando a vida se torna dolorosa demais de modo que não podemos mais negar o fato, Deus nos *abençoa* com a realidade. Não parece que o vício sexual possa ser um presente, mas foi o que me tornou consciente da minha disfunção. Desde então, são poucos anos de gloriosa libertação da vergonha, mas já posso dizer que ter tido um esposo viciado em sexo foi um pequeno preço a pagar.

Russell Willingham escreve: "Ele está agarrando-se ao vício no intuito de satisfazer suas necessidades e escapar à solidão. Ela mantém seu apego doentio ao marido pelas mesmas razões. Ambos possuem uma profunda necessidade de amor dada por Deus e estão buscando a fonte errada para saciá-la. Quando a esposa verdadeiramente entende isso, percebe que não é melhor do que seu marido; ambos são idólatras".[9]

Esta traição é tão dolorosa! Mereço um pouco de chocolate e fazer algumas compras no shopping. Fiz sequer uma oração? Minhas crenças distorcidas me ensinaram que é vergonhoso ter necessidades, logo, por medo da desaprovação de Deus, optei por algo menos arriscado como o chocolate. Eu estava vulnerável a sentir autopiedade e pensar como vítima. Por isso, escolhia comer e fazer compras para aliviar a minha dor. Essa atitude de negar a realidade resultava em vazio, gastos excessivos e culpa. Para curar meu coração partido, eu precisava de intimidade com Deus; no entanto, buscava alívios imediatos nos ídolos. Não demorou muito para eu reconhecê-los: tinha obsessão por cuidar do jardim, gastar e comer. Quanto ao autocontrole? Foi difícil identificar o ídolo da minha própria vontade forte.

Para mim, era um desafio criar adolescentes. Pensava que me faltava habilidades maternas, até que os livros de Jane Nelson diagnosticaram o meu problema: Eu era controladora e autoritária. Fiquei tão alarmada que rapidamente procurei aprender algumas maneiras democráticas de comunicação que respeitassem a individualidade e os limites de meus filhos. Meu relacionamento com eles melhorou incrivelmente.

Eu não suspeitava do esforço que fazia para controlar o meu marido. Na verdade, eu não estava apenas criando os meus filhos da mesma maneira que fui criada; estava reproduzindo todo o sistema de crenças da minha família de origem!

"O que é mais surpreendente numa conversa com cônjuges de viciados em sexo é que eles, os codependentes, são o espelho dos próprios dependentes... infalivelmente, descobrem-se um no outro."[10] O Dr. Carnes continua:"Os relacionamentos que são controladores e insatisfatórios emocionalmente criam ambiente confortável naquilo que é familiar a ambos".

Também escreve o Dr. Carnes:"Dependentes e codependentes compartilham três crenças fundamentais... Mas o codependente desenvolve uma quarta crença: sexo é o sinal de amor mais importante... Quando o dependente, cuja crença é'o sexo é minha necessidade mais importante', se junta ao codependente, que acredita que'o sexo é o sinal de amor mais importante', uma situação de potencial altamente destrutivo está em andamento".[11] Os codependentes serão extremamente feridos pela traição sexual enquanto acreditarem erroneamente que o sexo é a prova de amor.

Enquanto a identidade do codependente é ameaçada, um comportamento desesperador alimenta o ciclo do cônjuge viciado:"Se ela telefona para o trabalho dele, mexe em seus pertences, cheira as suas roupas, e de outras maneiras se coloca no lugar de uma mãe controladora, o marido sente-se como um garotinho que tem o direito de rebelar-se".[12] Uma queixa comum das esposas codependentes é: "Sinto-me como se fosse a mãe dele". Elas estão simplesmente desempenhando o papel de facilitadoras, conforme suas mães disfuncionais modelaram para elas.

A esposa codependente provavelmente silenciará acerca dos seus sentimentos, com medo de afugentar o marido. O medo da rejeição é reforçado pelo baixo senso de valor. A pessoa que cresceu em uma família disfuncional aprendeu a temer a confrontação e a honestidade. Ocorre que manter segredos suspeitos não apenas perpetua a negação da realidade como também faz que a pessoa se sinta envergonhada.

Um codependente sempre trabalha em conluio com o dependente, tentando controlá-lo. Roupas sedutoras e jogos sexuais podem ser para a esposa algo degradante, de modo que ela não se sinta confortável. O viciado pode então usar o comportamento do cônjuge para racionalizar seu próprio vício.

No primeiro ano de meu casamento, meu marido irrompeu durante a noite:

— Fui infiel a você. Sinto muito.

— O que aconteceu?

— No parque, esta semana — disse ele, soluçando —, eu estava conversando com uma garota... Então, não sei por que, toquei os seus seios.

A única coisa que senti foi pena *dele*.

— Está tudo bem; perdoo você.

Então o abracei, enxuguei suas lágrimas e nunca mais mencionei o fato ou até mesmo pensei nele novamente.

Dois anos mais tarde, cheguei cedo do meu plantão noturno e ele não estava em casa. Quando retornou, às duas da manhã, ficou em choque ao ver que eu não estava no hospital.

— Onde você esteve?

— Eu me sentia solitário, e acabei indo a uma daquelas casas de massagem.

Fiquei suficientemente preocupada em me transferir para o turno do dia, mas nunca me passou pela cabeça buscar aconselhamento. Não me lembro de ter discutido sobre o assunto novamente.

A princípio, eu não achava que era codependente. Como eu poderia facilitar o vício sexual dele? Eu nem sequer sabia que existia vício.

Meus pais eram alcoólicos, então aprendi: "não há nada de errado" com o comportamento inadequado. Eu agia como se tudo estivesse "normal" e aprendera a reprimir meus sentimentos em casa. "Se houve um alto grau de tensão na família de origem da codependente, provavelmente ela se sentirá confortável com o que não é confortável... A tensão é algo familiar, semelhante ao que foi frequentemente experimentado durante o crescimento em uma família disfuncional."[13]

Por achar que minha família era normal, fui pega desprevenida quando o conselheiro me corrigiu.

— Cresci em um bom ambiente familiar — eu disse.

— Não, acho que não.

— Como assim?

— Sei bastante sobre sua família para poder concordar com você.

A realidade finalmente golpeou-me quando olhei uma foto de Natal. Minhas crianças estavam subindo em meu pai, que estava deitado no chão. Parecia divertido, até que elas perceberam que ele não respondia. Meu pai desmaiara de tanto beber. Então, eu, minha mãe e minha irmã fingimos, dizendo que ele estava tirando um cochilo — como sempre fazíamos — mas os meus filhos ainda não conheciam as regras da família.

Agora entendo que facilitava o vício de meu marido porque o ignorava; achava que era "normal". Até mesmo o fato de trocar meu turno de trabalho foi um clássico comportamento de codependência. Mudei meu comportamento quando Timóteo é que deveria ter mudado o dele. Eu estava tentando controlá-lo, quando o certo seria ele assumir as consequências, não eu.

Recuperei minha identidade quando a verdade gradualmente substituiu as minhas falsas crenças. As várias horas semanais que passei junto ao grupo de recuperação foram um preço muito pequeno a pagar por encontrar a *mim mesma*!

Frequentemente, diziam para mim: "Eu não continuaria casada com um homem sexualmente compulsivo". No entanto, se tivéssemos nos divorciado, eu não teria descoberto minhas próprias crenças doentias e minha necessidade de recuperação. Eventualmente, acabaria descendo o corredor para uma segunda vez, dependente e codependente, marido e esposa. Nossas famílias de origem testemunhariam o abençoado evento e achariam tudo "normal". Nossos filhos disfuncionais se sentiriam "normais" junto com seus padrastos e madrastas disfuncionais.

O Dr. Carnes escreve: "Aquilo que você não resolve em um relacionamento terá de ser resolvido no próximo... Sem ajuda, a probabilidade de você acabar em outro relacionamento disfuncional é praticamente certa".[14]

Se tivéssemos nos divorciados e eu não tivesse enfrentado minhas crenças distorcidas, a única coisa que teria mudado seria o nome do meu marido.

O Cisco

Vejo o cisco no olho do meu marido.
Chamá-lo de cisco dá a impressão de mentira.
Um cisco que muito me custou,
Será que passou? Ele pode ver claramente?

Você diz que há uma trave em meu próprio olho.
Preciso de sua força para sequer tentar
Olhar para o meu pecado e minha vergonha,
E ver que ambos somos a mesma coisa.

Meu marido era o meu selo de aprovação.
Minha imagem vacilou com o seu afastamento.
Éramos pecadores salvos pela graça?
Não! Só duas pessoas guardando as aparências.

Ele tinha seus esteios, mas eu tinha os meus.
Funcionaram durante um tempo, mas não desta vez.
Para nós o que importava eram as aparências,
Mas a nossa fachada foi totalmente destroçada.

Nada do que venhamos fazer ou dizer
Jamais nos fará sentir bem.
Somente quando desistimos de tentar,
A graça começa a ser gratificante.

Eu pensava que precisava de meu marido
Como selo de aprovação para outras pessoas verem.
O cisco no olho de meu marido foi removido,
E assim minha visão pôde ser melhorada.

Capítulo 9

A RECUPERAÇÃO

"Devemos aceitar com entusiasmo nosso quebrantamento essencial e parar de fingir que somos algo mais." — Russell Willinggham, *Breaking Free* [Rompendo em Liberdade][1]

"Ele não está pronto; sua recuperação ainda está bem no início." — Susan Pizante

WENDY OLHOU PARA A CONSELHEIRA, SUSTENTANDO AS LÁGRIMAS:

— Por que ele está em posição tão defensiva? Ele odeia meus sentimentos! Sei que ele lamenta pelo vício, mas... sinto-me rejeitada.

— Ele ainda não consegue resolver isso, Wendy.

— Como assim?

— Ele não está pronto. Ainda está agindo preso às suas crenças deformadas. Isso vai mudar com o processo de recuperação, mas leva tempo para substituir o jugo pela graça e a verdade. Por enquanto, falar sobre o seu vício ainda o faz sentir-se envergonhado.

— Mas o que devo fazer com toda esta dor? — protestou Wendy, pensando que talvez já não estivesse mais gostando de Susan.

—Você não está sob a misericórdia de seu marido; está sob a misericórdia de Deus. Mantenha o foco em sua própria recuperação, não nas limitações dele.Você vai parar de culpá-lo por toda a sua dor quando descobrir o que você trouxe para o relacionamento. Suas necessidades podem ser supridas por intermédio de um grupo de apoio, de amigos confiáveis, mas, acima de tudo, serão supridas por Deus.

Wendy apenas pôde inclinar a cabeça, concordando.

— Com a recuperação, Ben *e você* se tornarão menos inseguros. Quando cada um de vocês estiver inteiro, o relacionamento que desejam será possível.

Recuperação: Uma Ideia de Deus

Deus criou Adão e Eva a sua imagem; ambos estavam nus e não sentiam vergonha. No momento em que pecaram, eles perderam o relacionamento com Deus e a vergonha passou a substituir a glória.

Antes de morrer em nosso lugar na cruz, Jesus orou:"Eu não rogo somente por estes, mas também por aqueles que, pela sua palavra, hão de crer em mim; E eu dei-lhes a glória que a mim me deste"(Jo 17.20,22). Nossa fé em Cristo restaura o nosso relacionamento com Deus e a nossa glória. E não somente isso, mas a nossa vergonha é removida: "[...] Todo aquele que nele crer não será confundido" (Rm 10.11). O trabalho de todo cristão é recuperar o que perdeu na Queda. Fomos criados para ser assim: "Olharam para ele, e foram iluminados; e os seus rostos não ficarão confundidos" (Sl 34.5).

"Infelizmente, muitos crentes não entendem quem de fato são, quem Deus designou que fossem." Shannon Ethridge continua, em seu livro *A Batalha de toda Mulher*:"A maneira como nos vemos afeta como vivemos e as decisões que tomamos... Quando você deixar Deus corrigir suas crenças sobre si mesmo, estas passarão a comandar suas decisões, e o seu comportamento seguirá imediatamente atrás. Você finalmente terá vitória".[2]

Eu pertencia a um grupo de fariseus modernos, em campanha para ganhar o favor de Deus e a aprovação dos outros. Optava por muito menos do que Deus oferecia. Não achava que fosse digna de receber alguma coisa, mas, pior do que isso, não achava que Deus me visse como alguém de valor. Ele ofereceu-me a glória do Éden e eu timidamente escolhi bebericar fora de suas mãos transbordantes. Não admira que Jesus tenha dito: "[...] porque dos tais é o Reino dos céus" (Mt 19.14). Uma criancinha teria apanhado tudo que sua mãozinha gorducha pudesse agarrar e depois ainda voltaria para pegar mais. Espiritualmente, eu estava faminta porque me sentia culpada para aceitar os presentes de Deus.

Todos os que vêm de uma criação disfuncional compartilham uma história comum: nascemos no pecado como qualquer outra pessoa, mas também nascemos em lares disfuncionais e internalizamos um sistema deturpado de crenças. A aceitação condicional nos ensinou que tínhamos de fazer por merecer valor. Nunca fomos bons o suficiente para nos aceitarmos. Cremos que Jesus redimiu nossa alma a fim de passarmos a eternidade com Ele. Fomos salvos, mas não aceitáveis; redimidos, mas não restaurados. Finalmente, Deus nos abençoou com uma crise mais dolorosa do que nosso medo de sua rejeição. Para Timóteo, a crise foi o fato de contrair uma doença sexualmente transmissível; para mim, foi descobrir que meu marido era um viciado em sexo. Deus está restaurando a intimidade e a glória para as quais fui criada e também está me convencendo de que sou sua amada.

Minhas crenças distorcidas continuam a dizer-me que preciso trabalhar para manter meu relacionamento com Ele, mas encontro conforto nas palavras de Andrew Murray: "Não; é simplesmente confiar a própria fraqueza ao Poderoso e assim ser sustentado... um consentimento para que Ele faça tudo por nós... Nossa parte é apenas entregar-se, confiar".[3]

Somos salvos no momento em que cremos na graciosa dádiva de Deus, seu Filho. Nós nos arrependemos e cremos pela fé. Em contraste, a restauração de nossas crenças deturpadas é um *processo*.

As seguintes histórias partilhadas por codependentes demonstram a dinâmica da recuperação da codependência.

A Tradição da Família de Jayne

Um membro do grupo acabara de ler parte de um livro sobre recuperação. A última sentença disparou uma lembrança triste na mente de Jayne. "Nossa família de origem é o nosso modelo de vida, ainda que a odiemos."

"Minha mãe nunca teve sua própria bicicleta, por isso usava a de seus irmãos. Por ser muito alta, a bicicleta a machucava.

"Eu tinha ouvido aquela história várias vezes. Por isso, surpreendi-me quando, em uma manhã de Natal, ganhei minha primeira bicicleta. Era uma bicicleta de menino. Por ser muito alta, ela me machucava.

"Quando vi a bicicleta da minha melhor amiga — rosa com bandeirinhas violeta — confirmou-se a minha suspeita: havia algo de errado comigo.

"Mas isso ainda não foi tudo. Minha irmã ganhou uma bicicleta feminina. Minha mãe acusara os seus pais de favorecer seus irmãos. No entanto, ela fez o mesmo comigo."

Jayne percebeu a compaixão no rosto de todos do grupo. Uma integrante lembrou quando sua mãe lhe dissera que ela não poderia ganhar uma bicicleta porque não queria se preocupar com ela. Aquilo, para a filha, foi mais uma prova de que ela não tinha valor. Agora, a verdade colocava-a um passo mais perto da libertação da vergonha.

Quando relatamos nossas histórias, vemos pelos olhos dos outros membros do grupo. Percebemos que o comportamento dos outros não nos definiam, mas sim *os* definiam. Assim, nossa memória é restaurada de acordo com a verdade e perde o poder de nos embaraçar. Quanto mais compartilhamos histórias, mais mentiras são corrigidas. No momento certo, nosso sistema de crenças é substituído, e a libertação da vergonha permite-nos ser quem Deus planejou que fôssemos.

O Abuso de Amy

Alguém do grupo tinha lido um parágrafo sobre a vergonha que surge do abuso. Ninguém fez nenhum comentário. As palavras de Amy entraram em erupção. Sua história implorava para ser contada.

"Algumas vezes, meu pai era paciente" — a garganta de Amy apertou-se."Mas, para ensinar minha irmã pequena a não mais sujar a calcinha, ele empurrou as fezes contra o seu nariz. Assisti à cena horrorizada. Enquanto saía da sala, ele disse:'Tudo o que você precisa para criar filhos é um manual para treinar filhotes de cachorro'.

"Depois disso, tive medo dele. Tentava proteger minha irmã, mas não sabia o que fazer quando ele gritava para nós:'Vocês são burras, estúpidas, ou o quê?'

"A leitura revelou que o abuso pode ser uma forma de controle. Acho que ele precisava de nós para sentir-se perfeito. Já se passaram mais de quarenta anos e só agora descobri que sofremos abuso da parte dele. Ele nos controlava envergonhando-nos."

O aspecto de Amy se endureceu: "Ainda estou permitindo que ele me controle, porque sinto culpa quando falo sobre o assunto!" Amy prorrompeu em soluços.

Os outros membros do grupo deixaram que ela chorasse. Haviam aprendido a sentir a dor, em vez de negá-la. A coragem de Amy para encarar a verdade sobre sua família disfuncional era o seu primeiro passo para ser curada da vergonha.

A Paciência de Deus para com Lynette

"Eu estava diminuindo a desordem em minha casa quando descobri que tinha 25 regadores antigos! Sabem em que estado me encontrava quando continuei comprando aquelas coisas? Foi no ano em que descobri que Eddy era um viciado em sexo.

"Estava em dificuldades financeiras quando me lembrei de uma citação de George Mac Donald: 'Deus permite que os homens tenham seus brinquedos, como crianças que são, para que eles aprendam a distingui-los das verdadeiras posses'."[4]

"Eles serviram ao seu propósito, mas não preciso mais deles; finalmente aprendi que Deus me ama — mesmo que Ele não queira que eu compre algo. A presença dEle em minha vida substituiu os meus regadores!"

Vitória: Controlada

"Eu estava entrando no sexto ano e meu pai saiu comigo para comprar o tênis do colégio. Encontrei o par que queria, mas meu pai continuou olhando ao redor. 'Pai, estes são o que eu quero.'

"Meu coração esmoreceu enquanto ele escolhia um calçado de couro. Colocou-os no balcão e retirou sua carteira do bolso.

"Quinze minutos na loja de calçados reforçaram meus sentimentos de baixa autoestima por anos.

"Agora, deixo meus filhos escolherem os sapatos que quiserem."

A Autoimagem de Juanita

"Sempre me achei gorda. Meu pai frequentemente me dizia: 'O clima quente não é fácil para meninas um pouco gordinhas, não é,

Juanita?' Eu sabia que ele precisava de mim para rir, mas no meu interior eu chorava. Minha mãe nunca disse uma palavra.

"Hoje sei que ele tentava me controlar por meio da pena. Era uma ameaça *não* engordar. Carreguei um pesado fardo de ter de dar prova do *seu* valor.

"Ainda luto para acreditar que sou aceitável. Eu deveria ver com dignidade o fato de ser acima do peso, mas não vejo. Aprendi que era vergonhoso. Tenho que dizer conscientemente para mim mesma: 'Uma pessoa não pode ser medida numa escala'."

A vítima passa a vitimar; o oprimido torna-se o opressor. Seu comportamento não mudará até que mude o seu sistema de crenças. O renomado Dr. William Glasser diz: "As pessoas agem, e especialmente relatam para outras pessoas, de acordo com a maneira que pensam e sentem sobre si mesmas".[5]

Quando criança, meu livro favorito era *The Boxcar Children* [As Crianças no Vagão].[6] Pensando que eram órfãs, as crianças fugiram e encontraram abrigo num vagão. Levantaram uma casa com toda sorte de tesouros encontrados num depósito de lixo.

Eu amava ir ao depósito com meu pai. Enquanto ele descarregava a *pickup*, eu farejava os tesouros. Alguns anos atrás, fui ao depósito para ajudar a minha mãe. Fiquei imaginando o que encontraria lá. Abaixei-me e avidamente peguei uma cerâmica de ótima qualidade. Foi tão divertido! Enquanto derrubava as pilhas de objetos à minha frente, senti o Senhor falando ao meu coração: "Tenho tesouros incalculáveis para você, mas você se contenta em apanhar cacos de louça, pensando que são minhas riquezas".

Enxuguei as lágrimas dos olhos e considerei aquelas palavras. *Oh, Senhor, Tu estás certo! E ainda me agarrei a estas coisas como se delas dependesse a minha vida. Por favor, ajuda-me a reconhecer os teus tesouros.*

Agora você sabe por que sou tão grata pela minha recuperação. Eu costumava coletar "cacos" para escapar à dor da minha vergonha e baixa autoestima. Agora estou aprendendo a aceitar a mim mesma e acreditar que o Doador de todas as coisas me tem como digna de partilhar um relacionamento íntimo com Ele.

Capítulo 10

A RECUPERAÇÃO ACONTECE NOS GRUPOS

"Possivelmente o recurso mais importante que os viciados e seus familiares possuem no processo da recuperação é poder partilhar com seus 'iguais'." — Dr. Patrick Carnes[1]

"Se a ideia de visitar um grupo de recuperação o faz sentir vergonha, então, não tenha dúvida, vá. A sua crença básica principal é a vergonha, e a recuperação transformará a sua vida." — Membro do S-Anon*

DURANTE OS ÚLTIMOS QUINZE ANOS, temos trabalhado junto com vários conselheiros profissionais, terapeutas, médicos e pastores com o objetivo de controlar o vício de Timóteo e a minha codependência. Depois da sua última reincidência, Timóteo ligou para Roger:

— Quando você foi capaz de manter a sobriedade, Timóteo?

— Bem, pelos primeiros quatro anos.

— Que tipo de trabalho de recuperação você realizou?

— Frequentei as reuniões do SAA** (*Sex Addicts Anonymous*) e do SLAA (*Sex and Love Addicts Anonymous*) toda semana.

— Esse foi o *único* período em que conseguiu manter-se sexualmente sóbrio?

— Sim. Tive de fato um ano de sobriedade em um centro de grupo de aconselhamento.

— Então, os grupos com o programa dos Doze Passos funcionaram para você quando nada mais deu resultado. Gostaria que você frequentasse trinta reuniões nos próximos trinta dias. Isso mudará sua forma de pensar.

— Estou contente por ter lhe telefonado. Obrigado, Roger.

Timóteo não negligenciou a sua recuperação. Na verdade, ele frequentou reuniões de apoio na igreja e no centro de aconselhamento durante todo o tempo — mas estava mentindo. O que havia de errado? Ele não se sentia seguro o suficiente para ser honesto. Se existe um interrogatório, uma confrontação, um conselho, uma sugestão, ou mesmo uma leitura bem intencionada de alguma passagem bíblica, podemos nos sentir julgados, em vez de aceitos incondicionalmente. São consequências da vergonha — exatamente o que a reunião se propõe a curar.

Esta é a razão por que o programa Doze Passos funciona. Anne começou a frequentar o S-Anon em minha cidade. Ela explicou por que é imperativo observar as regras das reuniões: "Se não respeitamos os princípios estruturais do S-Anon, então simplesmente repetiremos o mesmo comportamento que aprendemos em nossa família disfuncional". Este era o problema com as reuniões que Timóteo estava frequentando; ele não se sentia seguro o bastante para ser honesto.

Tinham-se passado muitos anos desde que Timóteo frequentara o Doze Passos, por isso ele se esquecera de quão proveitoso havia sido. Não há líder no grupo; todos têm a vez de orientar a reunião. Ninguém é autoridade; o programa é autodirigido. Apenas são aceitas doações. Uma vez que o grupo é automotivado, cada membro assume a responsabilidade por sua própria recuperação.

Timóteo me falou sobre o S-Anon, um grupo de apoio a familiares e amigos de viciados em sexo, e sugeriu que eu o visitasse. "A imagem popular é a de um viciado em sexo iludido sendo coagido por seu cônjuge aflito a buscar alguma ajuda. Mas com frequência o oposto também é verdadeiro. Muitos viciados procuram ajuda, porém encontram resistência quando pedem a seus parceiros para fazerem o mesmo — apesar da esmagadora evidência de necessidade."[2] Confesso que esta foi a minha atitude no princípio. *Por que preciso de recuperação se ele é que tem o vício sexual?* Fiquei ressentida com as reuniões até o dia em que rompi com a negação.

"Os dependentes e codependentes descobrem que a sua obsessão jamais poderá satisfazer seu profundo senso de valor pessoal e autoestima." — Dr. Patrick Carnes[3]

Os Doze Passos do S-Anon

1. Admitimos que éramos impotentes perante o vício sexual — que nossas vidas haviam se tornado incontroláveis.
2. Viemos a acreditar que um Poder Superior a nós mesmos poderia devolver-nos a sanidade.
3. Decidimos entregar nossa vontade e nossa vida aos cuidados de Deus, na forma em que O concebíamos.
4. Fizemos minucioso e destemido inventário moral de nós mesmos.
5. Admitimos perante Deus, perante nós mesmos e perante outro ser humano, a natureza exata de nossas falhas.
6. Prontificamo-nos inteiramente a deixar que Deus removesse todos esses defeitos de caráter.
7. Humildemente rogamos a Deus que nos livrasse de nossas imperfeições.
8. Fizemos uma relação de todas as pessoas que tínhamos prejudicado e nos dispusemos a reparar os danos a elas causados.
9. Fizemos reparações diretas dos danos causados a tais pessoas, sempre que possível, salvo quando fazer isso significasse prejudicá-las ou a outrem.
10. Continuamos a fazer o inventário pessoal e, quando estávamos errados, nós o admitíamos prontamente.
11. Procuramos, por meio da prece e da meditação, melhorar nosso contato consciente com Deus, na forma em que O concebíamos, rogando apenas o conhecimento de sua vontade em relação a nós, e forças para realizar essa vontade.
12. Tendo experimentado um despertar espiritual, graças a esses passos, procuramos transmitir esta mensagem a outros e praticar estes princípios em todas as nossas situações.

"Desembaraçadamente, eu amo o programa Doze Passos." — Melody Beattie, *Codependent No More* [Codependente Nunca Mais][4]

O programa Doze Passos tem ajudado seus membros por mais de sessenta anos desde que foi criado por Bill W."É correspondente às dinâmicas vivificantes de uma família e cultura saudáveis", escreve o Dr. Patrick Carnes.[5] É essencial para nos reeducar nos caminhos salutares.

O Dr. Henry Clou declara:"Muitos crentes não deixam as'tradições dos antigos' e vivem de acordo com uma falsa religião, o sistema espiritual de suas famílias. A fim de crescerem, eles precisam renunciar à teologia de suas famílias disfuncionais e adotar os princípios espirituais da família de Deus".[6] E ele continua:"Jesus ensinou que fomos transportados de um reino para outro (Cl 1.13,14). Uma multidão estava reunida em volta de Jesus e alguém lhe informou que sua mãe e seus irmãos estavam do lado de fora.'Quem é minha mãe e meus irmãos?', perguntou Ele.'Eis aqui minha mãe e meus irmãos. Porquanto qualquer que fizer a vontade de Deus, esse é meu irmão, e minha irmã, e minha mãe' (Mc 3.31-35). Uma parte vital dessa transferência é descobrir quem é a nossa'família'. Em um sentido real, Deus está dizendo que temos de obter apoio familiar daqueles que fazem a vontade dEle. Devemos renunciar às regras de relacionamento que aprendemos no primeiro sistema espiritual e aprender os caminhos de conexão de Deus".

O Doze Passos é um processo que facilita o desenvolvimento de crenças novas e saudáveis. A sobriedade sexual é um *resultado* de um sistema sadio de crenças — não o *objetivo*. Esta é a razão por que os Doze Passos dos Alcoólicos Anônimos (A.A.) puderam ser aplicados a outras dependências: o programa cura nossas crenças distorcidas sobre a nossa autoestima, e nossa vergonha é substituída pela descoberta de quem somos aos olhos de Deus. A recuperação elimina a nossa *necessidade* de medicar, não importa o tipo de "droga" que utilizamos.

A recuperação começa tão logo entramos na sala e encontramos compreensão e aceitação nos outros semblantes. Talvez seja a primeira vez em nossa vida que podemos ser honestos *e* completamente aceitos. Conforme a recuperação progride, os dependentes e os codependentes aprendem que"aquilo que realmente desejavam podia ser encontrado no apoio de outras pessoas. Eles começam a viver uma nova vida, com o foco em relacionamentos humanos saudáveis, em lugar do sexo".[7]

Os codependentes precisam redescobrir a *si mesmos*; precisam aprender quem são independentemente de seus relacionamentos. Este processo é chamado de *diferenciação*. "A recuperação sempre requer que você tome conta de si mesmo. E começa com o básico."[8]

Se Timóteo e eu formos independentes, as fronteiras manterão a nossa individualidade. Este é o atual estágio de nossa recuperação, e é uma batalha por duas razões: Os codependentes progridem mais rápido do que os dependentes, então, com frequência não correspondemos um ao outro. Segundo, Timóteo reiniciou a sua recuperação pela terceira vez no ano passado — em que estágio ele está afinal? Provavelmente não importa. Preciso manter o foco em minha própria recuperação.

Recentemente, passamos a frequentar as reuniões do *Recovering Couples Anonymous* ("Casais em Recuperação Anônimos") de nossa área. Sentar ao lado de outros sete casais fez-me perceber mais uma vez que *não estamos sozinhos*. E você também não está.

***N. do T.:** S-Anon – Grupo de ajuda a familiares e amigos de pessoas viciadas em sexo. Programa de recuperação adaptado dos Alcoólicos Anônimos.

****N. do T.:** No Brasil, os grupos correspondentes são S.A. (Sexólicos Anônimos) e D.A.S.A. (Dependentes de Amor e Sexo Anônimos).

Capítulo 11

A MISERICÓRDIA TRIUNFA SOBRE O JUÍZO

"Quando o seu marido é um sexólico, é fácil ser uma fariseia." — Cherry P.

"[...] Acautelai-vos, primeiramente, do fermento dos fariseus, que é a hipocrisia." (Lc 12.1)

EU NÃO TEMO O JULGAMENTO DAS PESSOAS que não pertencem à igreja. Na verdade, espero por ele. O que temo é a rejeição dos próprios crentes. Nunca me esquecerei de quando Timóteo revelou-me suas indiscrições sexuais. A experiência penosa começou com um telefonema do pastor Sam. No momento em que ouvi sua voz, eu soube que alguma coisa estava errada. "Molly, pode vir ao meu gabinete?"

Quando os lábios de Timóteo pronunciaram palavras tão inconcebíveis, percebi que minha vida nunca mais seria a mesma. Ele estava tão abatido que meu coração compadeceu-se dele. Mesmo quando a devastação me atingiu, cri que Deus nos ajudaria ao longo do pesadelo.

A reação do nosso pastor foi bem diferente: "Você precisa renunciar à junta de comissão da igreja". E acrescentou: "Não conte a ninguém sobre isso. Venha a mim para ter aconselhamento". A profunda tristeza que senti por Timóteo imediatamente transformou-se em medo... e vergonha.

Retornamos ao gabinete na manhã seguinte.

— Precisei contar à minha esposa sobre o problema de vocês — disse o pastor.

— O quê?

— Contei o caso a Lynn.

— Por que fez isso?

— Precisava do apoio dela para lidar com um pecado tão sério.

Lá estava ele novamente — o *medo*.

Seguros, dentro do nosso carro, desmoronamos:

— Ele contou a Lynn! Não posso acreditar!

— Eu sei; estou muito embaraçado.

— Você não se sentiu horrível quando ele disse "um pecado tão sério"?

— Sim.

Naquela noite, vimos Lynn na igreja, mas ela não me disse nenhuma palavra. Permaneci diante dela, esperando pelo conforto que eu desesperadamente precisava. Lynn apenas deu um abraço em Timóteo e disse: "Amamos você, Timóteo". Contudo, o seu olhar demorado dizia: "Conheço o seu segredo".

Você sabe porque o pastor Sam quebrou a nossa confiança! Senti-me horrível: traída, julgada e ignorada. Sentei-me no banco da igreja tentando ouvir alguma coisa que acalmasse minhas emoções agitadas — de um pastor que agora não mais detinha o meu respeito.

Antes da nossa seção de aconselhamento seguinte, o pastor Sam encontrou-se com alguns de nossos amigos mais chegados, embora tivesse *nos* aconselhado a não contar nada a ninguém. Esta foi a segunda vez que traiu a nossa confiança.

"Discutimos como poderíamos ajudar vocês", racionalizou ele.

Deixamos o gabinete incrédulos. Timóteo disse: "Ele encontrou-se com nossos amigos, *sem* antes nos perguntar a respeito ou nos convidar!"

"Ele agiu completamente pelas nossas costas."

A atitude de nosso pastor arruinou a confiança que lhe tínhamos. Timóteo esperava que a sua infidelidade me devastasse, mas a brecha da confidência aberta pelo nosso pastor fez com que nós dois nos sentíssemos traídos.

Encontramos outra igreja, onde recebemos aceitação de Roger, nosso novo pastor. Ele nos apresentou aos grupos confidenciais de apoio. A misericórdia começava a curar incrivelmente o meu coração partido.

Entrevistei por telefone alguns conselheiros, a fim de achar um que pudesse me ajudar. Durantes as conversas, ouvi o termo "vício sexual" pela primeira vez. "Sim, o sexo pode viciar, exatamente como o álcool e as drogas", disse um dos conselheiros. *Talvez seja este o problema de Timóteo.*

O vício sexual consumiu os meus pensamentos. Ignorando a profundidade da minha própria natureza pecaminosa, passaram-se, desde então, quatorze anos antes que eu viesse a descobrir que também me achava doente.

Bem intencionados, meus pais ensinaram-me pela vergonha;
Provavelmente, eles tiveram seus pais para culpar.

Quando me destaquei e encontrei aprovação;
Pensei que o sucesso tivesse removido a vergonha.

Aprendi a ser melhor do que qualquer outra pessoa,
Para agradar ao tirano dentro de mim.

A aceitação chegou por um preço elevado,
De orgulho pelo que fiz na vida.

Fui salva, em todo caso;
Comparada a outros, precisava de menos graça.

Então aprendi com o vício de meu marido,
Até tive pena de sua aflição.

Mas tinha a certeza de que todos sabiam,
Que dos dois eu era a mais forte.

Uma década passou-se, solitária e cansada,
Mas disposta a ver-me de forma mais clara.

Eu achava que tinha perdoado meu marido, mas, como uma vítima ofendida, usei o vício dele como munição para feri-lo de volta. E funcionou — à custa de nosso relacionamento.

Expressar os sentimentos *legítimos* é algo construtivo, mas entreguei-me à autopiedade, aos queixumes e à vergonha. Tirei proveito da vulnerabilidade de Timóteo — como fez o nosso pastor —, como fazem os fariseus.

Finalmente, escrevi em meu diário:"Senhor, sou responsável por algum dano em nosso relacionamento?"

A palavra"orgulho"veio-me à mente.

Acho que sou melhor do que ele, não é?

De repente, algumas coisas passaram a ter sentido. Meu orgulho estava tão fora de controle que eu tinha orgulho até mesmo de ter perdoado Timóteo — orgulho de ser tão espiritual! Quando me arrependi dessas coisas, compreendi que este era o lugar em que meu marido estava: contrito diante de um Deus misericordioso, porém santo — enquanto eu o julgava de minha posição de superioridade.

Passei meu diário às mãos de Timóteo. Quando ele acabou de ler minha confissão, nossos olhos se encontraram. Sussurrei com voz rouca:"Sinto muito. Por favor, perdoe-me".

Timóteo puxou-me para perto dele, mostrando-me a misericórdia que eu lhe negara de modo egoísta. Agora, finalmente tínhamos o potencial para a intimidade tão ansiada por meu coração — não porque Timóteo mudara, e sim porque eu tinha mudado.

Como esposas de sexólicos, somos vulneráveis a esta mentalidade farisaica. O pecado socialmente inaceitável do viciado faz-nos sentir respeitáveis por meio da comparação. A traição pode nos fazer sentir que estamos certas e eles, errados — acerca de qualquer coisa. Eu costumava pensar:"Ele é abençoado por me ter". Tal mentira traz em si uma arma destrutiva: o orgulho. Suspeitei que meu orgulho fosse tão destrutivo para o nosso relacionamento quanto o vício de Timóteo o era.

Brennan Manning escreve:"O número de pessoas que deixaram a igreja por ser esta muito paciente ou compassiva é insignificante;

o número dos que deixaram a igreja por acharem-na condenatória é trágico".[1]

Nossa atual batalha não é nova para a Igreja."Porque o juízo será sem misericórdia sobre aquele que não fez misericórdia; e a misericórdia triunfa sobre o juízo" (Tg 2.13).

Algumas igrejas chegam a questionar a validade do programa Doze Passos, que é uma poderosa ferramenta na recuperação do vício. A aceitação incondicional e o caráter confidencial dessas comunidades acentuam a segurança emocional, de modo que a honestidade floresce — algo que muitos não encontram em suas igrejas. O resultado é a consciência e a dependência de Deus, porque eles oferecem a misericórdia, não julgamento.

O Dr. Henry Cloud escreve:"A culpa e a vergonha normalmente faz com que nos escondamos... Algumas vezes, a igreja reforça esta nossa inclinação para esconder-se... É muito interessante fazer uma comparação entre uma igreja legalista e um bom grupo A.A. Nesse tipo de igreja, ter problemas é algo inaceitável, algo considerado pecaminoso. No grupo A.A., é culturalmente inaceitável ser perfeito, algo classificado como negação. No primeiro grupo, as pessoas aparentam estar bem, mas estão cada vez piores. No segundo, elas aparentam estar mal, porém estão se recuperando".[2]

Entendo, agora, o que o apóstolo Paulo quis dizer em 2 Coríntios 12.9:"[...] De boa vontade, pois, me gloriarei nas minhas fraquezas". Não fosse o problema do vício, eu estaria até hoje julgando os outros sem misericórdia. Durante anos, pensei que convocar Timóteo ao arrependimento iria *ajudá-lo*, até que aprendi que isso também era uma doença.

Marnie Feree escreve:"O vício sexual é um pecado ou uma doença? A resposta é 'sim' para ambas as coisas... Colocar um Band-Aid espiritual no problema... será prejudicial, porque contribuirá para a desesperança que as pessoas sentem... O vício sexual é uma doença multifacetada, portanto requer uma solução igualmente multifacetada. Existe o aspecto psicológico... um componente neuroquímico... intimamente relacionado às mudanças que surgem no cérebro quando se usa o crack ou a cocaína... Há também um componente emocional... mental... espiritual... e relacional. Tudo deve ser computado se a intenção é que a pessoa viciada experimente a cura".[3]

O que nos faz ser legalistas? Como jovens adultos, tendemos a substituir os nossos pais por outras figuras de autoridade, especialmente quando partimos de casa. Como crentes, com frequência usamos a igreja para exercer um papel paterno ou materno para conosco. Aqueles que crescem em um lar rígido e autoritário sentem-se seguros em uma igreja legalista. Conforme adquirimos maturidade espiritual, internalizamos mais a graça e finalmente superamos os parâmetros autoritários externos necessários no legalismo.

A ilusória aprovação dos meus pais conduziu-me a uma igreja extremamente fundamentalista. Não era legalista o suficiente para ir ao encontro de minhas necessidades, por isso me desliguei junto com um pequeno grupo. Em minha superespiritualidade, pensei que finalmente tivesse encontrado meu senso de valor. Eu era sincera, devota, porém disfuncional. O feitor tirano dentro de mim era submisso — e orgulhoso.

Eu era uma fariseia bebê — aprendendo a manejar o poder pela primeira vez em minha vida. Parecia ótimo ter autoridade tanto quanto meus pais, que me ensinaram que as aparências eram mais importantes do que a honestidade. Muitos relacionamentos foram forçados ou sacrificados antes que eu me desse conta de que meu legalismo estava apenas encobrindo minha fraqueza com uma maquiagem farisaica.

Enquanto isso, minha vida estava fundamentada no medo e na necessidade de aprovação — como sempre estivera. Por exemplo, um dia, orei sinceramente: "Senhor, que tipo de biscoitos Tu queres que eu faça?" *Eu tinha quase certeza de que Ele queria que eu fizesse biscoitos com pingos de chocolate, e eu nem sequer gostava deles.* Verifiquei meu armário e, para meu alívio, não havia nenhum chocolate em pó guardado. "Senhor, eu realmente quero saber que tipo de biscoito Tu queres que eu faça."

Suas palavras atravessaram meu coração: "Você pode fazer o tipo de biscoito que desejar — *meu amor*". Com os olhos lacrimejados, assei meus biscoitos favoritos. Este primeiro gosto que senti da *libertação do medo* revelou minha anorexia espiritual. Eu estava matando a mim mesma de fome do amor e da misericórdia de Deus. Mantendo a tradição farisaica que herdara de meus antepassados, eu exigia o mesmo sacrifício das outras pessoas como prova de sua devoção a Deus, e assim elas ganhavam a minha aprovação.

Trinta anos mais tarde, ainda estou aprendendo a aceitar a graça. Isso continua sendo um desafio para mim, porque raramente vi a graça modelada. Tenho desejado muito dar a meus filhos, meus amigos, meu marido e a mim mesma a aceitação incondicional que mal provei. Esta é a nossa maior necessidade — e a minha maior fraqueza.

As pessoas viciadas são famintas por aceitação. Tendo rejeitado a si mesmas, elas são cheias de vergonha simplesmente pelo que são. Então, exercer mais julgamento apenas alimenta o vício. O que elas precisam é da *verdade*: Deus disponibiliza a graça para todos os pecadores, porque Jesus pagou a nossa dívida. A verdade sem a graça resulta em legalismo e vergonha. E a ênfase na graça conduz à licenciosidade, ou permissão para pecar. Eu precisava equilibrar a verdade com a graça. Gastei os primeiros vinte anos da minha vida sendo julgada, e, nos trinta anos seguintes, aperfeiçoei-me em julgar a mim mesma e aos outros. Estou convencida de que Deus não quer que eu gaste mais nenhum tempo me punindo, quando na verdade posso desfrutar dEle e amar os outros.

"O que Deus espera de nós? Fracasso!" — Russell Willingham[4]

Como Jesus tratou as pessoas no caso do pecado sexual? Quando os fariseus trouxeram uma mulher que fora flagrada em adultério, puseram-na diante do grupo e lembraram a Jesus que a Lei de Moisés demandava que ela fosse apedrejada.

Então, Jesus replicou: "Aquele que dentre vós está sem pecado seja o primeiro que atire pedra contra ela" (Jo 8.7) Quando Jesus ficou só com a mulher, disse-lhe: "Mulher, onde estão aqueles teus acusadores? Ninguém te condenou? E ela disse: Ninguém, Senhor.

E disse-lhe Jesus: Nem eu também te condeno; vai-te e não peques mais" (vv. 10,11).

A graça de Jesus não vem à custa da verdade. A misericórdia de Deus não habilita o pecado — ela encoraja o arrependimento.

David Peck, fundador do *Aesthetic View Institute*, diria que Jesus não "se horrorizou" com o pecado da mulher.[5] Ele demonstrou misericórdia, facilitando o caminho para que a mulher se responsabilizasse por seu comportamento. O ato de envergonhar desencoraja a honestidade, porque ameaça a segurança emocional. Quando o pecado dos outros nos deixa horripilados, sentimo-nos superiores — nosso orgulho tira vantagem da fraqueza do outro. Jesus não permitiu aos acusadores fazerem isso. Ele nivelou o estádio; fez com que ser honesto fosse seguro.

Jesus amou a mulher pega em adultério *apesar do* seu pecado. Ela poderia ter de experimentar as consequências de suas escolhas, mas a interrupção do amor de Deus não seria uma delas. Deus não limita a sua graça — nós sim o fazemos.

Em Samaria, Jesus aproximou-se de outra mulher cuja vida era imoral (4.5-42). Ele quebrou as regras sociais e falou com nada menos que uma samaritana! Se ela sequer duvidou da aceitação por parte de Jesus, sua dúvida provavelmente desapareceu quando Ele lhe pediu água, fazendo-se "impuro" ao tocar o vaso carregado por ela. Logo a samaritana sentiu-se segura e aceita, e pôde responder honestamente quando Jesus lhe perguntou acerca do seu marido.

Perguntei a David Peck: "Como posso ajudar meu marido a encarar a realidade?"

"Não se horrorizando com ela", respondeu ele, sem hesitar.

Henry Nouwen escreve: "Nosso ministério de reconciliação muito frequentemente acontece quando nós mesmos estamos menos consciente dele. Nossa presença simples, sem julgamentos, faz isso".[6]

Jesus contou uma parábola sobre mim em Mateus 18.21-35. Eu lhe devia uma dívida impossível de pagar — e Ele a perdoou. Sua misericórdia me encoraja a perdoar as pequenas dívidas de meu marido para comigo.

Capítulo 12

DSTS E HIV

(DOENÇAS SEXUALMENTE TRANSMISSÍVEIS E VÍRUS DA IMUNODEFICIÊNCIA HUMANA)

— SOU A SRA. MILLER, ENFERMEIRA. Obrigada por me convidarem a esta classe. — Trinta rostos ansiosos voltaram-se para mim; a classe do fundamental estava tensa com o tópico da aula: sexo.

— Por favor, peguem uma folha de papel. — Um pequeno alvoroço instalou-se. — Desenhem a linha do tempo de suas vidas: nascimento, graduação, casamento, etc. — Sorri e mantive o contato olho no olho antes de começar a contar-lhes sobre Davi e Celeste, dois alunos queridos do Ensino Médio. Ele fazia parte do time de futebol, e ela amava a arte e a música. Depois de se formarem, ambos foram para universidades diferentes e namoraram outras pessoas. Após terminarem a faculdade, voltaram a se encontrar e casaram-se. Não mais queriam esperar para formarem uma família.

Celeste foi ansiosa à sua primeira consulta com o obstetra. Na consulta seguinte, achou estranho o médico pedir-lhe que voltasse com o marido na próxima vez.

— Lamento ter de dizer-lhes que o exame de sangue deu resultado positivo para HIV.

— Mas como isso pode ter acontecido? — gritou Celeste. — Não é um vírus sexualmente transmitido? Como eu poderia eventualmente pegar... como seria possível Davi?

Davi aproximou sua cadeira de Celeste e o médico deu início à desagradável tarefa:

— Algum de vocês recebeu transfusão de sangue?

— Não! — Celeste falou de forma áspera enquanto Davi balançou negativamente a cabeça.

— E quanto ao uso de drogas intravenosas?

— Não.

— Preciso que os dois façam o teste para eu ter certeza.

— Mas isso não é possível! — interrompeu Celeste. — Diga a ele! — Ela olhou desesperadamente para Davi, mas o olhar nem sequer foi percebido. Davi enterrara a cabeça entre as mãos.

O médico levantou-se: — Estas são as guias dos exames. Marquem uma consulta na próxima semana.

Quando a porta do elevador se fechou, Celeste exigiu uma resposta: — Davi, o que você fez? — Instintivamente, ela pôs as mãos em seu ventre, onde a vida de seu bebê corria risco.

— Fiz sexo com duas garotas da faculdade. Eu não fazia ideia...

—Você *o quê*?

— Sinto muito. Não tinha ideia de que podia contrair alguma coisa. Eu devia ter usado... agora percebo isso.

— Provavelmente estamos com o HIV! Não posso acreditar que isso esteja acontecendo!

Como acontece em muitos estados, um teste de HIV não foi pedido para se obter a certidão de casamento.

Sete meses mais tarde, nasceu-lhes uma menina. Celeste recebeu coquetéis antivirais na veia antes e durante o nascimento do bebê. Havia esperança de que o sangue contaminado do bebê tivesse uma baixa contagem viral. Como precaução, a criança recebeu os mesmos medicamentos da mãe. Celeste tomou a pequenina filha nos braços e lamentou o fato de não poder amamentá-la."Cada dia juntas será um precioso presente."Com o tratamento, Celeste esperou para ver o décimo sexto aniversário de sua filha.

Prevenção do HIV

— Imaginem que vocês foram infectados com o HIV na mesma idade em que Davi e Celeste o foram. Façam um X dez ou quinze anos mais tarde na sua linha do tempo.

Os olhos estavam arregalados, mas ninguém disse nenhuma palavra.

Então quebrei o silêncio: "Quantos de vocês não tinham consciência de que haviam infectado o cônjuge com HIV?"

Metade das mãos levantou-se em resposta à pergunta inconcebível.

"Isso não precisa acontecer com vocês. O contágio com o HIV pode ser prevenido. Vocês sabiam que a maior parte das pessoas são infectadas por uma transmissão heterossexual — relação sexual entre um homem e uma mulher?"

A discussão seguiu sobre preservativos. Eles não significam sexo seguro, mas apenas sexo *mais seguro*. "A abstinência da atividade sexual é o único comportamento seguro que existe."

"Existem outras DSTs contra as quais os preservativos não conseguem proteger absolutamente." Isso levou-nos ao tópico de outras DSTs. "O fator ameaçador é a *ausência* de sintomas na maioria dessas doenças, incluindo o HIV. A única forma de saber se você tem alguma é fazer um exame."

Segurei um pôster do *CDC: Centers for Disease Control* ("Centros de Controle de Doenças") e pedi aos estudantes que lessem a inscrição logo abaixo da mulher deslumbrante: "Ela tem todos os sintomas do HIV".

"Ela não apenas tem todos os sintomas do HIV, como também os sintomas de várias DSTs. Muitas são assintomáticas, ou seja, não apresentam sintomas evidentes."

Repeti a pergunta mais importante da minha apresentação:

— Qual é a única maneira de saber se você tem uma DST?

— Fazendo um teste.

Hoje, três meses é um tempo consideravelmente aceito, chamado de "janela imunológica", para que sejam detectados anticorpos anti-HIV em nosso corpo — que na verdade é como a presença do vírus HIV é testada. Em alguns casos raros, pode levar mais tempo. Este fato não é bem conhecido, e explica por que o CDC insiste em realizar o teste apenas quando este é acompanhado de aconselhamento, como nos centros municipais de saúde. Um teste de HIV realizado poucos dias ou poucas semanas depois da instalação do vírus pode facilmente dar resultado negativo; durante esse tempo, o vírus pode estar se reproduzindo nos genes do próprio hospedeiro, mas os anticorpos ainda não estão sendo desenvolvidos contra ele. Para ser acurado, o teste de HIV tem de ser repetido três meses depois do contato sexual.

"Então, quantos de vocês acham que saberiam se estivessem com uma DST?"

Nenhuma mão levantada.

"Parabéns! Vocês têm o conhecimento que pode deixar *viver* a sua linha de tempo."

Distribuí entre os alunos publicações da *American Social Health Association — ASHA* ("Associação Social Americana da Saúde"). Eles distribuem material educacional para o CDC. Aqui está um resumo das informações: A abstinência sexual é com certeza o único meio de proteção contra as DSTs e o HIV. Apenas alguns métodos de controle de natalidade fornecem *alguma* proteção; os preservativos masculino e feminino são considerados "bastante eficazes", enquanto o diafragma e o capuz cervical são "razoáveis". Todos os outros métodos "não" oferecem proteção contra as DSTs. São eles: os espermicidas, as pílulas anticoncepcionais, os injetáveis, os implantes hormonais e o DIU.

"Agora considerem que 3 a 14% das mulheres engravidam mesmo com o uso do preservativo masculino. Se os vírus e as bactérias são muito menores que o esperma, qual seria então a escala de porcentagem para as DSTs?"

Um aluno comentou: "Há muito mais chance de se contrair uma DST do que de engravidar".

"Conhecimento é poder. Hoje vocês estão equipados com a verdade sobre o HIV e as DSTs, de modo que podem tomar decisões de maneira responsável. É preciso coragem e compromisso. Sei que não é fácil; meu marido e eu namoramos por seis anos antes de nos casarmos. Com a ajuda de Deus, vocês podem permanecer virgens até o dia de seu casamento. Se alguém já teve relação sexual, pode fazer um novo compromisso de abstinência até o casamento. Trata-se da chamada 'virgindade secundária'; é um movimento crescente que demonstra grande maturidade e respeito próprio."

Respondi às perguntas dos alunos antes de deixar a sala.

Muitas vezes utilizei meu casamento como um exemplo. Nunca me senti mais enganada do que na ocasião em que meu marido confessou seu vício sexual.

Fiquei assustada com a possibilidade de ter contraído uma DST.

— Conte-me sobre os exames que você fez.

— Fui ao centro de saúde e pedi um exame completo, para detectar qualquer coisa.

— Eles fizeram o teste do HIV? — Eu estava aterrorizada com o vírus causador da AIDS; nunca imaginei que o HIV pudesse ser uma ameaça à minha vida.

— Fizeram o teste anonimamente. Deram-me um número e tenho de voltar para pegar o resultado. Não nos dizem o resultado por telefone, como fazem com os outros testes.

Nossos olhos se encontraram; não precisávamos verbalizar nosso medo.

— Quando você vai voltar?

— Daqui a duas semanas.

Como posso esperar tanto para descobrir se nós dois morreremos de AIDS?

—Você sabe, eles testam os anticorpos que você desenvolve contra o vírus, não a presença do vírus em si. Em média, as pessoas levam 25 dias para desenvolver os anticorpos, mas alguns podem levar três meses. E, nos casos mais raros, o período pode chegar a seis meses. — Muitas vezes, eu falara em público esse discurso ensaiado, sem imaginar que um dia o falaria para meu marido.

— Eu sei; não se preocupe. Farei novo exame em três meses.

Não se preocupe?

— Devemos nos abster das relações sexuais até lá.

— Eu concordo. Um livro que estou lendo, sobre vício sexual, recomenda um período de abstinência sexual. Diz que é útil comunicar intimidade de outras formas que não seja através da relação sexual.

Que conveniente! —Você tem lido um livro?

O primeiro teste de HIV de Timóteo deu negativo, mas eu não fiz nenhuma suposição. Quando retornou negativo três meses depois, senti-me aliviada. No sexto mês, ele realizou seu último teste, e então retomamos nossa atividade sexual. Eu ainda estava temerosa de ter relação sexual com meu marido; parecia que eu estava me relacionando com uma bomba relógio. Embora uma em cada quatro pessoas tenha herpes genital nos EUA, eu não queria ser contaminada. Por causa do herpes, Timóteo viu-se livre do seu segredo vergonhoso, cujo poder foi quebrado, mas não sem antes pagar um preço.

Muitas esposas pagaram o preço pelo vício sexual de seus maridos. Em nosso grupo de apoio, Cathy descobriu que seu marido era dependente de sexo quando se viu contaminada com o vírus do herpes genital. Ela disse: "Foi o pior dia da minha vida. Sentei no chão da cozinha, chorando de dor causada pelo herpes, procurando por nomes de advogados na lista telefônica para tratar do meu divórcio".

O marido de Cathy está em aconselhamento, mas ainda não entrou para o SA (Sexólicos Anônimos). Cathy permanece esperançosa, porém sabe que, sem a recuperação, ele não será capaz de manter a sobriedade sexual.

Verruga Genital ou Vírus do Papiloma Humano (HPV)

Reconheci imediatamente a voz de Shannon ao telefone: — Molly, tenho uma pergunta médica para lhe fazer. Acho que estou com verruga genital. Como posso ter contraído o vírus?

Meu coração afundou-se.

— A única forma de ele se espalhar é sexualmente. — Esperei para que as minhas palavras penetrassem.

— Então peguei o vírus do meu marido? — perguntou ela inocentemente. — Como ele pode ter o vírus?

— Bem, o vírus é transmitido por meio da relação sexual com alguém contaminado.

—Você está me dizendo que ele tem... um caso?

— Ele pegou o vírus de alguém, e não parece que tenha sido você.

— Mas estamos casados por 23 anos!

— Eu sei. Alguma coisa está errada.

— Não posso acreditar nisso.

— Sinto muito.

— O que vou fazer agora?

— Você deve cuidar da sua saúde. As verrugas podem trazer sérias consequências.

— Ah, não!

— Não existe cura, mas elas podem ser tratadas.

— Vou procurar meu médico.

— E o que você quer fazer com relação ao seu marido?

— Sei que preciso falar com ele, mas não consigo acreditar...

Fiquei profundamente triste, e orei por ela antes de desligarmos. O marido de Shannon recusou buscar aconselhamento e não quis mais continuar o casamento. O divórcio foi especialmente doloroso para os dois meninos adolescentes, que se sentiram abandonados pelo pai. Eles começaram a fazer terapia para tratar a raiva que sentiam. Shannon conseguiu um trabalho, comprou uma casa e criou seus dois rapazes. Seu marido não lhe havia sido fiel, mas Deus sim.

Alguns tipos de verruga genital (HPV) aumentam a chance de se desenvolver um câncer do colo do útero, assim, Shannon estava consciente de que devia submeter-se ao exame de Papanicolau anualmente. O teste pode detectar cedo a existência de células pré-cancerígenas, viabilizando uma cura mais efetiva.

A Negação dos Fatores de Risco na Sociedade

Vivemos em uma sociedade bombardeada sexualmente. Os anunciantes usam o sexo para vender os seus produtos. Filmes e programas de televisão frequentemente contêm insinuações sexuais ou mesmo sexo explícito, e *raramente eles apresentam qualquer consequência disso.* Tal distorção da realidade nos dá permissão para negar os fatores de risco existentes na relação sexual com múltiplos parceiros *ou com um parceiro que se relaciona sexualmente com outros.* É um padrão que resulta em consequências trágicas. A aceitação do sexo casual tem se tornado parte do nosso subconsciente.

"O que acontece em Vegas permanece em Vegas": esta é uma frase que circula para dar publicidade a Las Vegas, Nevada. No único Estado onde a prostituição é legal, poderia haver uma mentira mais óbvia? As atividades sexuais podem ser mantidas em segredo, mas não as DSTs contraídas em Vegas. Eles voltam para casa com seu vírus — incubado quietamente — até os primeiros sintomas por fim traem sua presença, e também o lema de Vegas. Uma vez que são assintomáticas, muitas DSTs podem ser transmitidas antes que sejam descobertas.

O propósito deste capítulo é fazer com que os cônjuges de viciados em sexo estejam conscientes de seus fatores de risco. Não se propõe a fornecer informações específicas sobre DSTs que continuam a se espalhar. As DSTs mais comuns são as verrugas genitais (HPV), que são difíceis de ver, a clamídia, que é a maior causa de infertilidade, e a tricomoníase.

O maior problema com as DSTs é a detecção. Ainda que os sintomas não sejam evidentes, essas doenças podem causar estrago no corpo. As DSTs mais comuns que podem ser curadas são: clamídia, tricomoníase, gonorréia e sífilis. As mais comuns que não têm cura, mas podem ser tratadas, são: verruga genital (HPV), herpes genital, hepatite B e HIV.[1]

O vício sexual é uma doença progressiva. A lei do pouco retorno faz o viciado aumentar os estímulos para obter a mesma satisfação. É comum para um viciado confessar seu comportamento menos ofensivo e depois divulgar mais outras atitudes, dependendo da reação que ele percebe. Ele cresceu acostumado a mentir, logo, a segurança emocional é o que encorajará a honestidade.

Por causa das sérias consequências das DSTs, minha opinião é que toda atividade sexual deveria cessar até que todo tipo de exame fosse feito, incluindo um segundo teste de HIV no mínimo três meses depois do último encontro sexual. Realizar os testes de DSTs é um meio apropriado de o viciado mostrar que deseja mudar, provando a sinceridade de seu arrependimento. Ainda que as DSTs não sejam uma ameaça, a abstinência sexual tem se revelado benéfica para a cura do relacionamento e é frequentemente encorajada pelos conselheiros.

"A abstinência traz esta declaração: *Se você não valoriza o nosso relacionamento e a mim o suficiente para lidar com este problema, escolho não confiar-me a você sexualmente*. Ele pode acusá-la de estar sendo controladora ou manipuladora caso ele queira o sexo, mas o fato é que as escolhas dele forçaram-na a fazer suas escolhas por si mesma."[2]

Você pode aprender mais sobre as DSTs no site:*

The American Social Health Association
www.ashastd.org

***N. do T.:** No Brasil, o Ministério da Saúde tem um portal informativo sobre a AIDS e outras doenças sexualmente transmissíveis:

Departamento de DST e AIDS

www.aids.gov.br

Capítulo 13

A CURA SEXUAL

"Não existem preservativos emocionais que proporcionem um ato sexual emocionalmente seguro... Para ter sexo emocionalmente seguro, você deve ter um relacionamento emocionalmente seguro, e isso envolve muito trabalho." — Dale Ryan, *Christian Recovery International* [Recuperação Cristã Internacional][1]

TÍNHAMOS TANTO DESEJO UM PELO OUTRO antes de nos casarmos, porém, depois de nossa lua-de-mel, eu estava atordoada. Era a única que, normalmente, tomava a iniciativa para termos relação sexual, uma situação que se prolongou por duas décadas. Eu não conseguia entender o desinteresse de Timóteo. Hoje sei que ele estava fisicamente incapaz, visto que já tinha tido sexo — só que não comigo.

Depois de vários anos sentindo-me indesejada, Timóteo confessou o seu vício sexual. Ironicamente, apesar da dor, meus sentimentos por fim estavam confirmados. "Quando o seu cônjuge alcoólico prefere uma garrafa a você, você pode desvencilhar-se; quando o seu cônjuge escolhe outros parceiros sexuais, o golpe da espada é bem mais profundo."[2]

Agora tudo parecia ter sentido: Timóteo sentia-se envergonhado em relação ao sexo. O vício era a sua fonte *primária* para satisfazer suas necessidades de amor e aprovação. Éramos designados para a exclusividade, mas o vício dele me excluíra.

Timóteo não podia arriscar-se a tomar a iniciativa para comigo — e se eu o recusasse? Ele mantinha uma necessidade insaciável de aprovação feminina. Falsamente, acreditava que uma recusa seria uma declaração devastadora a respeito do seu valor.

Em muitos casamentos, os sexólicos fazem demandas sexuais excessivas para provar seu valor — para eles mesmos. Muitas vezes, o cônjuge reage: "Muitos codependentes tornam-se sexualmente 'anoréxicos' a fim de controlar o cônjuge viciado... Com muita frequência, quanto mais fora do controle estiver o cônjuge, mais o codependente se tornará fechado sexualmente". O Dr. Carnes continua:"A anorexia sexual, infelizmente, acelera o ritmo da dança. Quando ela muda de roupa fora do alcance da vista dele, ele interpreta o ato como um julgamento de si mesmo e de sua própria sexualidade. Ele sente-se envergonhado, desejando escapar à dor. Quando os cônjuges viciados entram em tratamento, um achado comum entre os codependentes é que estes não têm sentido desejos sexuais por anos. Logo que percebem que o viciado abraçou o celibato como um primeiro estágio do seu processo de cura, enchem-se dos tais desejos. A sexualidade deles fora retida como um peão no jogo do vício".[3]

Depois de anos sentindo-me rejeitada sexualmente, agora não podíamos ter relação *de modo algum*. Cada noite, ao recostar minha cabeça ao travesseiro, eu enfrentava a realidade mais uma vez. Não entendia que a minha negativa tinha de ser crucificada tanto quanto a de Timóteo. Nosso amado Pai celestial não queria que vivêssemos o resto de nossas vidas nos conformando com tão pouco de sua glória. Ele queria dar-nos o desejo de nosso coração, mas a dor era excruciante enquanto Ele realizava sua cirurgia transformadora.

Ressenti-me da abstinência pelo fato de esta ter-me sido imposta. Foi outra perda a ser lamentada na lista que crescia à medida que eu aprendia novas informações. No entanto, conforme passou o tempo, comecei a perceber os benefícios."Como os alcoólicos que se abstêm das substâncias que alteram o humor... Os viciados em sexo, no entanto, têm o trabalho mais difícil de identificar os comportamentos."[4] Timóteo precisava estar sexualmente sóbrio ou celibatário a fim de deixar que seus sentimentos viessem à tona. Tais sentimentos foram reprimidos durante toda a sua vida, gerando uma dor que era medicada com o sexo. Timóteo tinha de aprender como sentir.

Foi interessante aprender mais sobre o meu marido. Gostei muito da intimidade que compartilhamos. À noite, lemos juntos livros que tratam de recuperação, e fiquei surpresa com o fato de a abstinência ser mesmo *recomendada*. Meu ressentimento aos poucos foi se dissolvendo e acabei apreciando os seus benefícios.

Em muitos grupos de recuperação, os viciados listam uma série de comportamentos que devem ser interrompidos como parte da recuperação. A lista de Timóteo incluía ações que eram parte do seu ritual de dissimulação, ações das quais eu não fazia ideia. Por exemplo, mulheres pedindo carona eram o maior disparador do processo. Se visse uma, Timóteo rodeava o local diversas vezes, decidindo se a pegaria ou não. Ele teve de trabalhar muito para evitar o contato visual com uma prostituta. Para isso, precisou "abster-se" de dirigir em ruas onde houvesse pontos de prostituição. Com frequência, ele queria ter sexo quando estava sozinho ou magoado. Descobri que Timóteo ficava mais vulnerável quando estava faminto, irado, solitário, cansado, ou seja, H.A.L.T.*

A História de Janice e Jim

"Concordamos em praticar a abstinência sexual por um período de quatro meses, e a nossa comunicação aumentou de modo repentino. Jim nunca foi dado a sentimentos, mas agora está começando a expressá-los finalmente."

"O sexo era a minha saída para todas as vezes que ficava mal por causa de alguma coisa. Agora que não posso tê-lo por um determinado período, algumas vezes parece que vou ficar louco. Mas Janice é uma boa ouvinte, assim como são as pessoas do grupo SA que frequento. Quando as pessoas entendem como me sinto, o impulso para dissimular desaparece, exatamente como disseram que aconteceria."

"Eu não percebia que algumas vezes fazíamos amor para evitar conflito. Brigávamos e terminávamos tendo relação sem nem mesmo resolver o problema."

"É, eu pensava: 'O que há de errado com isso?', mas agora vejo que usava o sexo como um escape", sorri Jim.

"Aprender que a vida sem sexo é possível, é uma parte importante da recuperação." Uma vez que pode haver uma cura dramática nos relacionamentos com abstinência, faz sentido que "os terapeutas tenham, há muito, reconhecido o celibato como uma estratégia de recuperar os sentimentos sexuais... Os pacientes... começam a sentir emoções que não sentiam havia anos... as reprimidas lembranças de abusos sofridos na infância frequentemente vêm à tona".[5]

Os casais renovam o prazer de um contato não sexual, e padrões antigos podem ser substituídos. "Por exemplo, alguns homens sempre tomam a iniciativa. Algumas mulheres nunca dizem não. No processo da recuperação, as regras que formalmente governam muitos aspectos da vida do casal são substituídas por novas regras."[6]

Temores Vencidos

"Fazer sexo emocionalmente seguro envolve chegar a um acordo sobre o impacto de todas as nossas experiências sexuais anteriores... Cada experiência vergonhosa relacionada ao nosso corpo físico, nossa sexualidade ou nossos limites podem causar impacto na atual sexualidade que experimentamos."[7]

Sheila diz: "Lamento não ter frequentado as reuniões de recuperação imediatamente. Quando tínhamos relação sexual, os sentimentos de inadequação me atormentavam. *Serei capaz de dar mais prazer a ele do que a outra mulher mais experiente?* Eu competia com o sexo ilícito que ele havia arranjado!

"A literatura que trata da recuperação encoraja-nos a falar sobre os nossos temores e sentimentos. Fiquei embaraçada, mas tomei coragem: 'Rob, isso está sendo muito difícil para mim. Tenho medo de estar sendo uma decepção para você'.

"Rob disse que tudo tinha a ver apenas com adrenalina, e não com o físico. Revelou que sempre teve medo de contrair alguma doença.

"Precisei muito de ter a confiança reafirmada. O vício fez-me sentir bastante insegura."

Os Gatilhos Sexuais

O sexo é um tema delicado. Lutei com os pensamentos de Timóteo com outras mulheres. Sofri dor, rejeição e até repulsão física algumas vezes.

Estava aprendendo que a única maneira de fazer com que esses sentimentos fossem embora seria confrontá-los. Se fossem apenas um flash em minha mente, eu os espantava. Mas se permanecessem, eu conversava com Timóteo sobre o problema. Na época, eu não percebia que aqueles pensamentos eram parte do processo de lamento. Eu precisava senti-los e lamentá-los até que chegasse à cura. Mas em vez disso, eu resistia a cada pensamento e culpava Timóteo. Aprendi mais tarde que Timóteo não era responsável pelos *meus* sentimentos.

As coisas que me fazem sentir amada mudaram. Sinto-me amada quando vejo meu marido ler livros sobre recuperação, quando compartilha suas emoções, quando vai a uma reunião de recuperação. Sinto-me amada quando ele mantém sua lista de conferência em dia e está emocionalmente disponível aos nossos filhos. E sinto-me amada por Deus, que nos permite sofrer para que possamos ser curados.

Restaurando a Glória da Sexualidade

O sexo é procriador; Deus nos equipou com sua habilidade criativa! O sexo é sagrado porque potencialmente cria uma nova vida.

O surgimento do *controle* de natalidade e do aborto em meados do século XX mudou o propósito primário do sexo em nossa cultura. Pela primeira vez, podíamos decidir o que costumava ser decisão de Deus, e a santidade do sexo começou a diminuir. Desde que uma criança tornou-se "desejada" ou "não desejada", seus números diminuíram nos países industriais. O valor de um bebê não nascido corroeu-se a ponto de o aborto ser legalizado durante os nove meses inteiros de gravidez nos EUA. Aquilo que podemos controlar rapidamente evolui para "nosso direito".

Dentro de um tempo relativamente curto, o sexo passou a ser predominantemente recreativo, em vez de procriador e sagrado. Passamos a achar que podíamos ter sexo sem nenhuma consequência. Tal mentalidade saturou a nossa cultura, dessensibilizando-nos para os propósitos que Deus estabeleceu para o sexo; "pois mudaram a verdade de Deus em mentira e honraram e serviram mais a criatura do que o Criador" (Rm 1.25).

Larry Crabb identifica o nosso único caminho para a liberdade: "A cura para o vício sexual e para qualquer outra forma de escravidão é a adoração".[8]

Como crentes, lutamos contra principados e potestades das trevas (Ef 6.12), mas *devemos lutar*. É fácil ficar dessensibilizado; simplesmente não fazemos nada! A ilusão do controle está agora posicionada para nos destruir — corpo e alma — com a nossa sexualidade *fora-de-controle*.

O vício sexual toma o pedágio de cristãos porque o Inimigo de nossas almas tem metodicamente destruído as nossas *crenças* sobre a santidade do sexo. Nossa negativa é apenas o último dominó a cair numa elegante e bem planejada armadilha que promete-nos liberdade das consequências do sexo ao mesmo tempo que nos estrangula o coração. A recuperação é a nossa arma mais eficaz porque restaura nossas *crenças* nos propósitos originais de Deus, e o programa Doze Passos funciona porque trata as crenças como um assunto espiritual.

Enquanto dependentes e codependentes encontram a libertação de falsas crenças, a vergonha é substituída pela glória que Deus planejou para nós. Os efeitos da Queda são revertidos quando Cristo redime a nossa sexualidade.

A analogia espiritual de nosso Deus ciumento desejando-nos exclusivamente para si é *gloriosa* — e alcançável, visto que a vergonha não mais nos mantém como refém. A completa intimidade com Deus liberta-nos de tudo o que é inferior. Oferecer-nos livremente a Ele e receber livremente de sua afeição torna-se a nossa ocupação sagrada. Em sua presença, vemo-nos mais claramente, tornando possível a nossa cura contínua e nossa integridade.

***N. do T.:** No campo da recuperação de dependências, HALT é um acrônimo para *Hungry, Angry, Lonely, Tired* ("Faminto, Irado, Sozinho, Cansado").

Capítulo 14

A COMUNICAÇÃO QUE REDIME: O QUE DIZER

"O coração do problema é um problema do coração." — Jeff Adams

"Sobre tudo o que se deve guardar, guarda o teu coração, porque dele procedem as saídas da vida." (Pv 4.23)

"A união verdadeira sempre acontece à proporção da verdade mútua." — George MacDonald[1]

A CONDIÇÃO DO NOSSO CORAÇÃO É FUNDAMENTAL para a comunicação, pois o nosso coração *determina* as nossas palavras; "[...] porque da abundância do seu coração fala a boca" (Lc 6.45).

Aquilo que enche o nosso coração transborda por meio de nossas palavras: se é vergonha, transborda julgamento; se ressentimento, condenação; se alegria, gratidão; se amor, graça. Se as minhas palavras vêm de um coração necessitado e inseguro, manipulo outras pessoas para, desse modo, preenchê-lo. Conduzo as conversas de modo que encontre afirmação, um senso de valor. No entanto, somente Deus pode satisfazer essa necessidade universal.

Eu tinha conhecimento de que meu coração determinava as minhas palavras. A mentira em que acreditava, porém, era a de que meu coração estava saudável. Nunca questionara este assunto até que o vício de Timóteo fez-me ingressar em um grupo de recuperação Doze Passos. Eu tratara os órgãos vitais doentes da minha vida com comunicação aprendida em workshops, seminários de finanças e classes para pais. As habilidades que aprendi aliviaram os sintomas, mas meu coração complexado permaneceu doente, o que afetava todas as outras áreas da minha vida.

Eu não podia falar palavras curadoras de graça, amor e bênção, visto que tinha o coração transbordando de vergonha. As habilidades de comunicação não são suficientes para recuperar a glória e o propósito de Deus para o nosso coração.

John Eldredge diz:"Cuidar do nosso próprio coração não é egoísmo; é quando começamos a amar... você não pode amar a menos que seu coração esteja bem... a maneira como você trata o seu coração é como tratará o das outras pessoas. Quando negligenciamos ou maltratamos a nós mesmos, ainda que tentemos ser misericordiosos com os outros, eles poderão *ver* como tratamos o nosso coração e sempre sentirão que o tratamento será o mesmo para com eles. E estão certos".[2]

Cri na salvação de Deus, mas não em sua aprovação. Scotty Smith expande esse conceito em seu livro *Objects of His Affection* [Objetos da sua Afeição]."O que causa aquele som que ocorre quando você abre um novo pacote de café? É o som do vácuo sugando o ar. Qualquer coisa que foi embalada a vácuo não está simplesmente vazia. Foi agressivamente esvaziada. O vácuo procura, ou melhor, *demanda* ser preenchido, e não faz muita discriminação quanto ao que preencherá o seu esfomeado vazio. O vácuo, em vez do vazio, parece ser uma descrição mais acurada do coração humano."[3]

A Comunicação que Redime: Como Jesus Falava

Gosto de chamar a maneira como Jesus falava de *comunicação redentora* — palavras de graça e verdade faladas em amor. Suas palavras não eram poderosas porque foram pronunciadas com boa técnica, mas porque comunicavam *vida*. "As palavras que eu vos digo, não as digo de mim mesmo, mas o Pai, que está em mim, é quem faz as obras" (Jo 14.10). Esse versículo explica por que as aulas de comunicação que frequentei não podiam trazer paz aos meus relacionamentos. Para que nossa linguagem seja redentora, a questão não é *como* nos comunicamos, mas *o que* comunicamos.

Minhas palavras comunicavam padrões farisaicos — especialmente para mim. Orgulhava-me de ser verdadeira, mas minha linguagem não redimia porque nela havia pouca graça.

O Dr. Henry Cloud declara: "A graça e a verdade juntas revertem os efeitos da queda. Quando combinada com a verdade, a graça convida *o verdadeiro eu*, a pessoa que de fato sou, com imperfeições e tudo o mais, para um relacionamento... Já que a mentira, o nosso falso eu, é o que se relaciona com Deus, com as pessoas e conosco mesmos, então a graça e a verdade não podem nos curar".[4]

Os grupos que trabalhavam com o programa Doze Passos foram o caminho por onde comecei a recuperar meu coração. A maioria de nós pensa que não precisa de recuperação, e aí está parte do problema. Não temos consciência *do que* precisamos até termos um local para falar e perceber *o que* sentimos.

O vício de Timóteo forçou-me a trilhar um caminho que jamais teria escolhido para mim, mas foi o caminho que me levou a descobrir a mim mesma. Brennan Manning diz: "A recuperação do meu verdadeiro eu como um ser amado... é o alvo e o propósito de nossas vidas".[5] Tenho a suspeita de que estou apenas começando a entender a glória de Deus planejada para mim.

A Linguagem não Verbal

Os sinais não verbais compreendem 93% de nossa comunicação total.[6] Instantaneamente, "ouvimos" o que a postura de alguém ou sua expressão facial quer "dizer", sendo o contato com os olhos o comunicador não verbal mais efetivo. No primeiro ano após a descoberta do vício de Timóteo, as palavras tornaram-se simplesmente inadequadas. Lembro-me de sentar diante de Timóteo e olharmos nos olhos um do outro. Nossas bocas não se moviam, mas dizíamos muita coisa, e normalmente a "conversação" terminava com lágrimas transbordando de nossos olhos. De vez em quando, compartilhávamos um pensamento para confirmar que estávamos na mesma extensão da onda, o que me lembrava nossos encontros de namoro. Mais tarde, li que laços de união partidos, como em nosso caso, precisam repetir todos os passos do compromisso novamente.

Para reconstruir a intimidade e a confiança, nós sentávamos juntos, fitando um ao outro. Quando conversávamos em nossa cama, eu agarrava meu travesseiro e ficava *de frente para* Timóteo.

Eu segurava-lhe as mãos e olhava em seus olhos; isso mudava tudo, pois me lembrava de que estávamos no mesmo time. Conversávamos por algum tempo — um desabafo emocional, como John Powell gosta de chamar. Essa atitude constrói segurança emocional para falarmos sobre os nossos pensamentos e sentimentos — quem nós somos — e assim nutre a intimidade.

O Dr. Donald M. Joy relata como aconselhou Linda:

— Vocês olham nos olhos um do outro quando estão conversando?

— Se ele olha para cima, eu olho para algum ponto longe.

— Vocês terão de voltar e começar de novo; o olho no olho poderá recapturar o 'romance' que vocês perderam. Pense em quanto o seu marido deve estar se sentindo só. Apenas uma pessoa é necessária para dar a partida novamente... Mas o contato com os olhos e o toque levam algum tempo. Se neste momento você não olha nos olhos dele, significa que não deseja um relacionamento honesto. Comece dizendo a verdade para ele do lado oposto da mesa, e olhe diretamente em seu rosto, enquanto diz algo como: 'George, amei tanto você que não serviria para mais ninguém se não pudermos recapturar o que sentíamos'. Os olhos são a janela da alma, e o contato dos olhos não existe em qualquer relacionamento que contenha desonestidade. A recuperação requer um retorno à honestidade.[7]

Tente espelhar a posição do seu cônjuge. "Sente-se ou posicione-se basicamente da mesma maneira que ele... Emparelhando conscientemente com a mesma posição do corpo do seu cônjuge, você pode de maneira *consistente* criar sentimentos de aceitação e confiança no nível do subconsciente."[8] Algumas vezes, eu me deitava próxima de Timóteo, na cama, onde ele estava lendo um livro, e ele olhava para mim agradecido.

Houve tanta dor latejante naquele primeiro ano que cada movimento que fazíamos parecia significar alguma coisa. Uma hora depois, algo disparava a minha dor e eu começava a chorar. Se ele não soubesse o motivo do meu choro, eu me sentia rejeitada e batia a porta enquanto deixava o cômodo! Então eu ansiava para que ele viesse atrás de mim, menosprezando o fato de que eu tinha acabado de machucá-lo... e tudo isso era dito sem uma palavra sequer!

Eu usava a linguagem não-verbal para aproximá-lo e para afastá-lo — para afirmá-lo e para puni-lo. Sentia muita raiva, e só a expressava de forma imatura. Percebo quanto sabotava a mim mesma. Eu o feria, tornando-o incapaz de escutar-me e entender a minha dor — algo de que eu precisava desesperadamente. Quando ele explicava que estava sofrendo, eu sempre escarnecia, dizendo: "Bem-vindo ao meu mundo!" Este tipo de comportamento desrespeitoso fazia-me sentir pior e diminuía a minha autoestima. E, pior, também era um comportamento vergonhoso, o que reforçava o círculo vicioso. Muita coisa eu tinha para aprender!

Ocasionalmente, desembaraçávamos o caos: declarávamos os sentimentos, ouvíamos um ao outro, e tentávamos repetir o que ouvíamos para dar satisfação ao outro. Perdemos muitas horas de sono no frequente processo de resoluções. Acho que durante todo aquele ano vi as coisas à luz da dor. Eu reagia, em vez de responder objetivamente. Não creio que nosso relacionamento teria sobrevivido sem o vínculo sólido que construímos durante os seis anos anteriores ao nosso casamento, e, é claro, sem a insondável graça de Deus.

Criar laços é um poderoso aliado para os relacionamentos. O momento mais importante para fazê-lo é quando estamos à parte. O primeiro instante ao acordar e o momento final do dia constituem momentos oportunos para olharmos nos olhos um do outro e demonstrarmos sincero interesse. Isso pode nos fazer sentir íntimos em todo o resto do dia.

As posições de nosso corpo são uma linguagem não-verbal: se nosso corpo está acessível, estamos emocionalmente abertos. Nas conversações, uma postura física reservada revela que estamos fechados para o outro. Se cruzo os braços, estou dizendo: "Não gosto do que estou ouvindo". Algumas vezes, faço isso para ferir Timóteo. Nossa postura e nossos gestos são muito *sinceros*. As coisas dolorosas que"dizemos"por intermédio de nossa linguagem corporal são mais difíceis de serem assumidas como sendo palavras, porém são igualmente poderosas.

O toque não-sexual diz: "Estou aqui" e "Eu o aceito". O gesto pode ser tão simples como tocar os pés debaixo da mesa. É difícil culpar ou atacar quando você está tocando alguém. Encostar-se em alguém é uma forma poderosa de dizer:"Estou interessado". Chegar mais perto encoraja com as palavras:"Estou aqui e estou ouvindo". Muitos de nós usamos esses sinais não-verbais, mas, em um relacionamento ferido, eles acrescentam a tão necessária renovação da confiança. A ausência de tais sinais pode fazer um cônjuge vulnerável sentir-se rejeitado antes mesmo de uma conversa ter início.

Russell Willingham escreve a esposas de viciados em sexo:"Enquanto dá uma olhada honesta em sua própria origem, ela normalmente descobre que, como o seu marido, foi criada em um ambiente familiar onde as necessidades emocionais legítimas não foram atendidas... Porque foi levada a acreditar que suas necessidades na infância não importavam, e porque nunca aprendeu limites apropriados, ela não está a par de suas necessidades atuais. Consequentemente, ela não sabe como comunicar as suas necessidades de maneira saudável".[9]

Eu não apenas ignorava as minhas necessidades, como também me sentia culpada por tê-las. Esta era a razão de eu culpar Timóteo pela maioria dos *meus* sentimentos — até que aprendi sobre *I-messages*.*

***N. do T.:** Na comunicação interpessoal, *I-message* é uma declaração do emissor sobre si mesmo e sobre os próprios sentimentos, cujo objetivo é neutralizar um conflito interpessoal. Usam-se frases que começam com"eu" ("eu sinto","eu senti"), em vez da linguagem acusatória (*You-message*), em que as frases começam com"você" ("você fez isso","você é aquilo").

Capítulo 15

A COMUNICAÇÃO EFICAZ: COMO DIZER

"A comunicação é o único caminho para a comunhão." — John Powell[1]

A Linguagem Verbal: I-Messages

I-messages são maneiras de você expressar o *seu* problema sem tom acusador. Essa fórmula simples foi desenvolvida pelo Dr. Thomas Gordon, fundador do *Effectiveness Training Inc* [Corporação de Treinamento em Eficácia].[2] Uma *I-message* contém três partes:

Eu sinto

Quando

Porque

Eu sinto (palavra que descreve o sentimento) quando (designação do comportamento) porque (efeito tangível do comportamento).

Se a sua declaração causa emoções em seu cônjuge, então *ele* tem um problema e é responsabilidade dele expressar *seus* sentimentos por meio de uma *I-message*. Gary levantou os olhos de seu e-mail com um suspiro pesado: "*Sinto-me* triste *quando* fazem referência ao meu vício *porque* ainda me sinto constrangido em falar sobre o assunto". Entretanto, se Gary quiser que Gail o ouça, *primeiro* ele precisa considerar os sentimentos dela até que ela se sinta compreendida. Assim ela estará emocionalmente disponível para ouvir.

A maioria de nós vem de famílias complexadas, por isso temos a tendência de levar tudo para o lado pessoal. As emoções negativas não eram permitidas na família de Timóteo: "Poderia ser muito pior","Temos muito pelo que agradecer". Minhas emoções ameaçavam-no, de modo que ele tomava a defensiva. Para complicar a situação, eu sempre faço péssimas declarações quando estou com raiva. Em seguida, se ele tem um problema, *eu* o considero de forma pessoal:"Tive um problema primeiro. Aguarde a sua vez e considere os meus sentimentos em vez de esperar que eu fique empanturrada com os seus". As *I-messages* são mais eficazes: "*Sinto-me* rejeitada *quando* sou interrompida ou ignorada *porque* minhas necessidades e os meus sentimentos não são considerados importantes".

Algumas vezes, quando sou tentada a deslizar para os antigos padrões, penso em meus filhos."É assim que desejo que eles tratem os seus cônjuges?"Esta é minha forma de conferir a realidade e ver o quanto está em jogo.

Em resumo:

- A pessoa com um problema faz uma declaração iniciada com "eu".
- Quando percebemos que a pessoa tem um problema, ouvimos com consideração até que ela se sinta compreendida.
- Se afluírem sentimentos em nós por causa da declaração do outro, nós os expressamos na forma de uma *I-message* depois de acabarmos de ouvir.
- A outra pessoa agora tem de nos ouvir até que nos sintamos compreendidos.
- O processo continua, de um lado para o outro.

Essa maneira de se comunicar ajudou-me a reconhecer os meus sentimentos e limites. Quando tenho pensamentos ansiosos de efeito tangível, normalmente é porque quero controlar uma situação que não me afeta diretamente. Por exemplo, "*Sinto-me* desapontada *quando* os parentes de Jamine não a reconhecem *porque*..." Estou triste? Sinto por ela? Estou com raiva? O fato de não poder pensar em uma consequência para *mim mesma* ajuda-me a perceber que este problema não é *meu* de modo algum — não existe efeito tangível sobre mim; é um problema de Jamine. Em vez de julgar, seria muito mais saudável que eu respeitasse a questão de a quem pertence o problema. Uma vez que o problema pertence a Jamine, meu *único* papel é ouvi-la com consideração:"Jamine, acho que você está um pouco chateada com seus parentes. Tenho tempo para ouvi-la se desejar falar sobre isso".

Para que duas pessoas expressem seus sentimentos, é preciso ter prática e maturidade. O autocontrole é necessário para prolongar a satisfação de sentir-se entendido enquanto ouve. O ato de ouvir é um dos presentes de maior amor e sacrifício que podemos dar a outros. Como codependentes, gostamos de "ajudar", pois isso gera declarações positivas a nosso respeito e assim nossa necessidade é atendida, não a do outro. Quando Timóteo me ouve, sinto-me amada.

Normalmente, o problema que existe não é o que nos aflige tanto. Quando temos a chance de expressar nossos sentimentos mais acessíveis, tornamo-nos conscientes daqueles mais profundos. Quando alguém oferece o presente de ouvir, o outro compartilha o coração e ambos são abençoados.

Escutando com Atenção

Ouvir ativamente é o mesmo que refletir as emoções do outro — não necessariamente palavras — e o conteúdo da mensagem. Se eu tivesse de escolher apenas uma habilidade para o nosso relacionamento, seria esta. Quando as emoções são confirmadas, a pessoa se sente entendida e pode aceitar seus sentimentos e mover-se em direção à aceitação.

A maioria de nós raramente tem presenciado ou vivido essa experiência. As famílias disfuncionais querem que seus filhos sejam "vistos", não "ouvidos". Logo, as crianças aprendem a sentir vergonha do que pensam e sentem. Os lares cristãos são vulneráveis a reprimir emoções negativas: "Se você não pode dizer nada agradável, então não diga nada". Aprendemos a "não fazer tempestades" ou "não balançar o barco". Na verdade, estas são ameaças para se observar as regras da família, as quais perpetuam a negação e a opressão. A liberdade de expressão nos é garantida por lei, mas se estamos convencidos de que não temos nada válido a dizer, então ela é pouco proveitosa para nós. Nos lares disfuncionais, os únicos que têm liberdade de falar são os pais. Jesus não reprimia as pessoas; Ele mantinha contato com elas.

Eu costumava pensar em como oferecer soluções ou ajuda às pessoas — porque assim eu poderia ganhar a aprovação delas e fazê-las ficar em débito para comigo. Eu sabia como manipular, mas não sabia ouvir.

Gail está removendo o pó dos retratos acima do piano, quando diz: "*Sinto-me* triste *quando* vejo a foto do nosso casamento *porque* os votos que fizemos foram violados". Observe que não existe o pronome "você" nesta frase. Esta maneira de falar minimiza o julgamento e ajuda tanto Gail quanto Gary a assumir a responsabilidade pelos próprios sentimentos.

Gary, seu marido, precisa confirmar os sentimentos de tristeza de Gail a fim de que ela se sinta compreendida. Ouvir atentamente reflete as emoções e o conteúdo da mensagem, como em um espelho; Gary levanta os olhos de seu e-mail e diz: "Nossa foto de casamento a faz ficar triste". Se Gary reflete aquele sentimento com dedicação, Gail se sentirá segura para explorar ainda mais suas emoções.

"Sim, muito triste", Gail enxuga as lágrimas dos olhos.

Neste ponto, Gary percebe que Gail deseja falar, então ele deixa o correio eletrônico e caminha em direção ao piano, fitando Gail nos olhos. Ele não sabe o que dizer, mas deseja fazê-la sentir-se melhor. *Mas eles nos ensinaram a não fixar os sentimentos. Apenas deixe-a saber que você entende.* "Sei que você está muito triste neste momento."

Gail desmorona nos braços do marido, soluçando. Calmamente, ele a abraça, deixando-a chorar. Em um minuto, ela limpa as lágrimas e endireita-se: "Sinto-me bem melhor; obrigada".

Surpreso, Gary retorna para a sua pilha de e-mails: *Essa coisa de ouvir realmente funciona!*

É assim tão simples quanto eficaz. Penso que um dos aspectos mais saudáveis dos grupos que seguem os Doze Passos não é o fato de os membros terem a oportunidade de falar, mas sim o fato de serem ouvidos, pois a maioria de nós não foi ouvida no lar onde cresceu.

Algo que tem me ajudado a aprender a habilidade de ouvir é este exercício: um de nós dois compartilha o que sente por cinco minutos e outro *apenas* reflete os sentimentos. Como ele não pode se defender, começo explorando minha responsabilidade nas situações. Os ressentimentos em potencial se resolvem à medida que entendo a *mim mesma*. Então, trocamos os papéis. Em seu livro, *Codependent No More* ("Codependente Nunca Mais"), Melody Beattie diz: "Falar ajuda-nos a entender a nós mesmos".[3]

Jonathan Robinson[4] sugere uma alternativa fácil. O cônjuge ouvinte pergunta "E o que mais?" quando houver uma pausa. E este é o *único* comentário que o ouvinte poderá fazer.

Queremos saber o que estamos sentindo *antes* de reprimi-lo. Eu não queria me enraivecer, e Timóteo não queria ser infiel sexualmente. Portanto, tínhamos de estar em contato com as nossas emoções. Foi quando começamos a ouvir com atenção, sem interromper um ao outro, por pelo menos dez minutos todas as noites. Sempre terminávamos com a observação: "Não sabia que me sentia desta maneira".

É nossa responsabilidade comunicar as nossas necessidades. Virando-me diretamente para Timóteo, seguro-lhe as mãos e olho em seus olhos. "Preciso do seu toque e do seu olhar; preciso que me diga como estou me sentindo. Deixe que eu tenha minhas emoções refletidas em você." Então espero, e oro. Oro para que meu coração não seja endurecido, para que eu não ofenda Timóteo de volta com raiva, para que sejamos persistentes até conseguirmos compreender um ao outro — não concordar um com o outro, mas entender como o outro se sente.

Bloqueios à Comunicação

A ninguém é permitido corrigir, julgar, emendar, dar conselho ou até mesmo elogiar, pois essas atitudes destroem a segurança emocional do grupo. As pessoas compartilham de si mesmas e os demais apenas ouvem. Expressar os nossos sentimentos verbalmente é saudável e maduro, enquanto ter alguém para ouvi-los é algo que nos traz segurança e cura.

O Dr. Thomas Gordon identificou alguns meios de bloquear a comunicação. Minha fraqueza pessoal está melhorando. Nosso cachorrinho mastigou um par de brincos que meu filho me fez. Encontramos apenas um, e continuei repetindo: "Não se preocupe, vamos achá-lo". Quando fui para a cama, meu filho ainda estava chateado.

Não ouvi o meu filho e invalidei os seus sentimentos! Na manhã seguinte, fui desculpar-me: "Sinto muito porque não o ouvi ontem à noite. Se pudesse voltar no tempo, eu lhe diria: 'Sei quanto está desapontado; você trabalhou duro naqueles lindos brincos e nem teve tempo de dá-los a mim'".

Os olhos de meu filho estavam cheios de lágrimas. "Trabalhei durante duas horas para confeccioná-los, mãe." Logo em seguida, ele enxugou as lágrimas e perguntou: "O que temos para o café?"

Os bloqueios trancam nossos sentimentos dentro de nós. As emoções de meu filho estavam tentando aflorar, mas continuei fechando a porta.

Precisamos de um ambiente seguro para expressar os sentimentos. Imagine uma tartaruga que se arrisca a pôr a cabeça para fora do casco e olha para cima, dando uma piscadela. Ela junta coragem e começa a falar. Se seus sentimentos são bloqueados, ela volta para dentro novamente. Se é encorajada, continua a explorar. As "portas abertas" encorajam as pessoas a saírem de seus cascos. São frases como: "Conte-me mais" ou "Parece interessante". Isso é o oposto dos bloqueios, porque convidam os sentimentos a aflorar.

Bloqueios à Comunicação[5]

1. Ordenar (dando instruções, exigindo)
2. Advertir (ameaçando)
3. Pregar (moralizando)
4. Emendar (oferecendo conselhos ou soluções)
5. Admoestar (ensinando, apresentando fatos)
6. Criticar (julgando, culpando)

7. Elogiar
8. Ridicularizar (rotulando)
9. Analisar (interpretando)
10. Tranquilizar (simpatizando)
11. Questionar
12. Desviar-se (retirando-se, distraindo-se)

É interessante que os grupos dos Doze Passos sejam dirigidos por regras que não permitem que esses bloqueios aconteçam. Agora estamos tentando garantir segurança emocional dentro da nossa família.

Expressando a Ira

Na comunicação, a ira é o meu maior desafio. Em seu maravilhoso livro, *How to Really Love Your Teenagers* [Como realmente Amar seus Adolescentes], o Dr. Ross Campbell desenvolve uma ferramenta bastante útil: a escada da ira. "Lidar com a ira de uma maneira apropriada e madura é uma das lições mais difíceis para se tornar uma pessoa com maturidade; uma lição que muitos adultos nunca aprendem... Cada degrau da Escada da Ira representa um meio progressivamente melhor de se expressar a raiva. Você deseja treinar seu adolescente a dar um passo de cada vez, subir um degrau por vez. Como fazer isso? ... seja um bom exemplo... encontre-o onde ele está, e treine-o no momento em que está lidando com a ira... cumprimente e elogie o seu adolescente nas áreas em que ele expressou a ira *corretamente*."[6]

A Escada da Ira (Desenvolvido pelo Dr. Ross Campbell)

1. Comportamento agradável
2. Busca de solução
3. Focalização da raiva apenas na fonte
4. Apegar-se à queixa principal
5. Pensar lógica e construtivamente
6. Comportamento desagradável e espalhafatoso
7. Imprecações (praguejar)
8. Deslocar a raiva para outras fontes além da original

9. Expressar queixas sem sentido
10. Jogar objetos
11. Destruir propriedades
12. Abuso Verbal
13. Comportamento emocionalmente destrutivo
14. Abuso físico
15. Comportamento passivo-agressivo

Timóteo estava no último degrau com o seu vício sexual passivo-agressivo, e eu estava apenas dois degraus acima dele, com a minha raiva emocionalmente destrutiva. Éramos como dois bebês na questão da expressão da ira! A magnitude da minha raiva sobre a infidelidade não era páreo para minhas habilidades imaturas.

O Dr. Campbell compartilhou uma ilustração que podia descrever Timóteo: "Margaret nasceu e cresceu em um lar cristão. Infelizmente, seus pais acreditavam que uma criança não deveria ter permissão para exprimir sua raiva. Assim, Margaret nunca aprendeu a lidar apropriadamente com o problema e resolvê-lo... Ela teve um caso após outro com homens casados... Até começar a fazer terapia, ela nunca conseguiu entender por que seu estilo de vida e padrões de comportamento eram tão inconsistentes com suas crenças básicas".[7]

O comportamento passivo-agressivo volta-se para alguém indiretamente. É o oposto da franqueza e honestidade. Usamos os vícios para aliviar a nossa dor — *dor que deveria ter sido expressa verbalmente* quando envolvia medo, irritação, frustração, tristeza, etc. É desafiador expressar um sentimento do qual temos vergonha, portanto, quicamos nos degraus do meio a maior parte do tempo. A única maneira de sair se foi!

A frase favorita de Timóteo era "Não se preocupe". Em outras palavras, "Não quero que você sinta emoções negativas". Essa postura reapareceu muitas vezes em nossos filhos, sempre com o objetivo de bloquear a expressão dos sentimentos deles. Dizíamos frases como "Não quero ouvir nem mais uma palavra sobre isso!" ou pior: "Vamos orar a respeito". Estávamos repetindo para os nossos filhos as mesmas mensagens que tínhamos aprendido — mensagens que causaram a repressão do que sentíamos e fizeram com que expressássemos a raiva de maneiras inaceitáveis. Frases como "Não quero que você *sinta*" eram o que dizíamos durante todo o dia! A opressão do nosso pensamento disfuncional estava exposta.

Então aprendemos a confirmar os sentimentos. Em vez de "Não se preocupe", passamos a dizer: "Você está preocupado com algo". Enquanto aprendíamos a respeitar os sentimentos em nossa família, brincávamos uns com os outros quando esquecíamos. Dizíamos algo exageradamente, como: "E como isso fez você *se sentir*?". Em seguida, estávamos todos rindo. Aumentamos o nível de consciência dos nossos sentimentos e passamos a entender quanto eles são valiosos.

O Importante Propósito da Comunicação

A intimidade é criada nos casamentos e nas amizades mais íntimas através dos dois maiores níveis de comunicação: O *nível mais profundo* é quem eu sou, em especial os meus sentimentos e as minhas emoções. Ocasionalmente, experimentamos um pico na comunicação, quando estamos absolutamente abertos e somos honestos, partilhando uma empatia mútua, ou comunhão.[8] Os grupos dos Doze Passos são idealmente estruturados para funcionar nesses altos níveis de comunicação.

O Dr. Henry Cloud aponta o relacionamento como sendo a nossa maior necessidade: "Adão e Eva... não mais tiveram o relacionamento fundamental de que precisavam. Isso os empurrou para um estado de isolamento — de Deus e de um para com o outro. Tornaram-se pessoas sob dor. Desse momento em diante, a alienação tem sido o nosso problema primário".[9]

Nossa necessidade mais profunda é reverter os efeitos da Queda. Para viver da maneira que Deus planejou, precisamos recuperar nosso verdadeiro eu como um ser amado de Deus, e a comunicação é o meio de restaurar o relacionamento com Deus e as outras pessoas. Nossa linguagem abençoa o outro quando a graça e a verdade transbordam de nosso coração seguro em nossa bem-aventurança.

Essa comunicação redentora é a forma de cumprirmos o nosso glorioso chamado.

"Uma voz doce é para o coração o que a luz é
para os olhos. É uma luz que canta, assim como brilha."
— Elihu Burritt[10]

Capítulo 16

OS LIMITES

"Um bom lugar por onde começar é insistir com o marido para que ele busque ajuda. Mas ela deve tomar posição e dizer: 'Se você optar por não buscar ajuda, terei de fazer algumas escolhas por mim mesma'." — Russell Willingham[1]

"Podemos fazer coisas ruins acontecerem. Esta é a lei da natural consequência do comportamento. Se não guiarmos o nosso carro, iremos bater." — Dr. Henry Cloud, *Changes That Heal* [Mudanças que Curam][2]

CERTA VEZ, PERGUNTEI A MEU FILHO: "Você quer tentar dirigir?"

Ele deu um largo sorriso.

Minutos mais tarde, descemos cautelosamente nossa estrada de montanha. Ele verificou o espelho retrovisor e sentiu a garganta apertar. Mais uma olhada, e começou a mover-se depressa.

"Você é a pessoa responsável por sua velocidade, não o carro que vem atrás."

Ele diminuiu a aceleração e os ombros começaram a relaxar. No próximo cruzamento, ele avançou.

Eu estava impressionada. Em determinado momento eu teria acelerado, facilmente influenciada pelos outros.

Os limites podem ser desafiadores. Primeiro, são invisíveis; não podemos "ver" quando saímos do limite, ou quando outros o ultrapassam. Um limite é uma cerca ao redor de nossa área de direitos e responsabilidades. Segundo, as mentiras codependentes sobre os limites são difíceis de identificar porque crescemos pensando que são verdades.

Visto que todos precisamos da ajuda divina para conhecer a verdade, os grupos dos Doze Passos ao redor do mundo fazem uso da Oração da Serenidade:

"Deus, dá-me serenidade para aceitar as coisas que não posso mudar, coragem para mudar as que posso, e sabedoria para conhecer a diferença."
(Reinhold Niebuhr)

Os limites formam-se cedo na vida. Quando as necessidades de uma criança são atendidas, o respeito próprio e o valor são internalizados. Mas frequentemente os limites são ignorados ou mesmo explorados quando os pais decidem satisfazer as próprias necessidades à custa dos filhos."As crianças que aprenderam suas lições tendo o amor sido ligado e desligado concluem, ao fim, que seu único valor e seus bens encontram-se na habilidade de atender às necessidades e desejos dos outros. De modo nenhum elas vivem para *si mesmas,* mas apenas para os *outros.*"[3] O resultado é uma sociedade onde muitos não sabem por quem são responsáveis. Os limites saudáveis significam que *nós* assumimos a responsabilidade por *nós mesmos* — apenas por nós mesmos.

A primeira vez que tomei conhecimento sobre limites foi num livro para pais de Jane Nelson. Aprendi que os pais devem falar respeitosamente com os filhos, assim como falam com os seus melhores amigos.[4] Eu ultrapassava os limites sem perceber. Mas a pior coisa era que meus filhos também não percebiam, e, assim, o ato de ignorar limites tornou-se normal em nossa família disfuncional.

Uma vez que os valores são aprendidos conforme passados pelo modelo, eu ensinava meus filhos exatamente como fora ensinada. As cercas com o objetivo de proteger as personalidades individuais em minha família não eram facilmente identificáveis. Eu estava determinada a mudar.

Comparar os limites com o ato de dirigir ajudou-me a visualizá-los. Permanecemos do nosso lado e comunicamos as mudanças por meio de sinais. Não podemos controlar o carro que vem na direção oposta, então não tentamos. Se não gostamos do modo como a outra pessoa dirige, não entramos forçadamente em seu carro e tomamos o volante; ficamos separados de um jeito seguro.

Quando as regras do trânsito são violadas, as colisões podem ocorrer, causando prejuízos.

Neste capítulo, os exemplos da direção no trânsito podem parecer exagerados e ridículos, mas este é o ponto: às vezes, nossa ignorância e violação dos próprios limites são absurdas e ridículas.

Negação

Ray Ann está preparando o café da manhã quando Jerry entra na cozinha.

—Você chegou tão tarde ontem à noite — ela disse.

— Sim, pensei que a reunião não fosse acabar nunca. Então fiquei com fome, e tive que parar para abastecer...

Ray sentiu uma pontada de medo familiar, mas ignorou-a. Quanto às possibilidades, bem, ela não queria pensar nisso. Ray estava experimentando as consequências do comportamento *do marido* porque tinha escolhido a negação. Ele é quem deveria estar se sentindo desconfortável, não ela. Mesmo quando é passiva, ela está fazendo uma escolha com relação aos *próprios* limites. A aparente falta de conhecimento do caso permite que o marido esteja fora do anzol. Permanecendo em silêncio, ela facilita o comportamento dele.

Em outras palavras, um carro desliza na pista escorregadia porque um aviso foi desconsiderado pelo motorista. Ao passar a próxima curva em alta velocidade, esfrega na lateral de outro carro, mas continua dirigindo.

A esposa segura a maçaneta da porta; as mãos estão brancas. *Foi minha imaginação ou ele bateu com o carro? Ele não está agindo como se tivesse batido, então provavelmente estou enganada.*

Ela *escolhe* acreditar que a negação dele é válida. *Nossos* limites são sobre as *nossas* escolhas, quer percebamos, quer não.

Ray Ann jamais vira sua mãe confrontar seu pai alcoólatra. Ela é uma codependente porque facilita o vício do marido. Quando vê um sinaleiro em frente na estrada, ela ignora o sinal para parar, exatamente como sua mãe lhe ensinara a fazer. Os codependentes em geral escolhem cônjuges que também ignoram as placas.

Sou um pouco semelhante a Ray Ann. Ignoro a realidade. Acreditava que se confrontasse Timóteo, ele iria achar que eu não confiava nele!

Culpa

Linda sentiu que havia certa distância entre ela e John. Desde o reencontro da classe de John, ele andava saindo muito.

Foi devastador quando ela descobriu que John estava tendo um caso com a antiga namorada da escola. *Isto é minha culpa? Estou envelhecendo e engordando — talvez não satisfaça mais o John.*

John foi insensível:

—Você não teve mais tempo para mim desde que passou a frequentar aquelas aulas.

— Eu sei, sinto muito. Também me sinto terrível com relação ao meu peso.

— Eu não queria dizer nada, mas já que tocou no assunto...

— Posso mudar. Vou fazer uma dieta.

O carro permanece em alta velocidade, e o motorista está irado. Sua esposa lhe causara muitos dos *seus* problemas! O carro inclina-se e perde o controle, chocando-se contra uma árvore. O sangue jorra de um profundo corte na região da têmpora. Inconsciente do perigo, ele ignora a poça de sangue bombeada da cabeça. John volta-se para a esposa, que, constrangida, lhe diz:

—Tenho deixado você tão irritado! Por isso batemos na árvore!

—Tudo bem. Posso consertar o carro.

Quando culpamos os outros, não estamos assumindo a responsabilidade pelo nosso comportamento. Quando os outros nos culpam, não estão assumindo a responsabilidade pelo comportamento deles.

Se facilmente nos convencemos de que somos responsáveis pelas escolhas que os outros fazem, então nos sentiremos obrigados a experimentar as consequências de suas escolhas. Poderemos até pensar que estamos fazendo sacrifício piedoso quando toleramos as consequências alheias, mas estamos apenas facilitando o comportamento destrutivo do outro.

Traçando o Caminho

Randy e Tina agarraram-se um ao outro; seus ombros sacudiam com os soluços.

— Sinto-me muito mal. Nunca mais farei isso de novo; nem mesmo sei por que fiz.

— Também não sei, mas o perdoo.

— Não, não mereço seu perdão.

— Eu te amo. Vamos procurar ajuda e descobrir o que aconteceu.

— Não. Tenho certeza de que não vai mais acontecer.

— É uma ótima decisão, mas acho que precisamos de ajuda, com o nosso pastor ou um conselheiro.

— Bem, o que aconteceu é passado agora. Nunca poderei frequentar a igreja novamente se o nosso pastor descobrir. Deus sempre nos ajuda antes de tudo; tenho certeza de que ficaremos bem.

Tina procurou o pastor apesar do constrangimento de Randy.

— Você está assumindo a responsabilidade por si mesma, colocando-se nas mãos de Deus, ao invés de nas mãos de Randy. Por isso, você ficará bem, não importa o que aconteça.

— Eu sei, mas estou triste.

— É claro que está. Espero que ele concorde em buscar aconselhamento o quanto antes. Não há razão para acreditar que ele não repetirá o comportamento se não encarar a causa.

— Estou com medo. Talvez esta nem tenha sido a primeira vez.

— Quero que você considere quais as possíveis consequências caso ele não busque ajuda.

Tina passou mais tempo na presença de Deus, enchendo o seu diário com cartas escritas ao Pai celestial e com o que sentia ser a resposta dEle. Ela tinha ouvido a palavra "desprendimento". *Penso que é o que estou fazendo. Não mais estou desesperada para que Randy atenda às minhas necessidades. Quando estou perturbada, penso em orar, em vez de chamar o Randy.* Ela aprendeu a depender do Senhor, e não do marido, para obter valor e propósito. Sua autoaceitação floresceu.

No entanto, ela estava triste porque Randy não se desenvolvia. Ele precisava de muitas palavras de afirmação e ainda se recusava a buscar aconselhamento. Ela não confiava nele.

Tina foi até suas amigas mais chegadas e também aos membros do grupo para obter o apoio emocional de que precisava.

— Se Randy continuar a recusar ajuda, vou pedir-lhe para ir embora. Eu o amo e sentirei sua falta, mas estaria sendo desonesta expondo-me a doenças e transmitindo um mau exemplo para meus filhos. Não farei isso.

— Admiro sua força. Não sei se poderia fazer o mesmo.

— Levou um tempo para eu tomar a decisão. A princípio, eu nem podia pensar sobre separação.

— O que a fez mudar de pensamento?

— Estou aprendendo sobre como Deus me vê, e sinto-me bem a meu respeito. Gosto da pessoa que Ele me fez ser. Ficarei triste sem o Randy, mas tudo vai ficar bem.

Está nevando na estrada quando dois carros se aproximam. Randy perde o controle e atravessa para o outro lado da pista, colidindo de frente com o carro da mão contrária. Todos estão seriamente feridos e uma testemunha liga para a emergência. Randy vira-se para a esposa e lhe diz: "Não acho que precisamos ir a um hospital, pois não estamos tão mal assim". Ele perdeu muito sangue até a chegada dos paramédicos, porém continua insistindo em não receber atenção médica. "Tina, vamos todos ficar bem." Prometo que nunca mais terei outro acidente novamente. Eu ficaria muito humilhado se tivéssemos de ir a uma sala de emergência.

Agradecida, Tina permite que o técnico em emergência médica lhe faça uma aplicação via intravenosa, enquanto a prepara para o transporte.

Muitas de nós não buscam aconselhamento ou um grupo de ajuda até que estejamos em condições críticas *e* que nosso marido esteja de acordo. Colocamos Band-Aids nas feridas abertas, enquanto tentamos descobrir por que nosso relacionamento está com um sangramento fatal.

Um conselheiro perguntou-me por que eu não buscara ajuda por mim mesma. Eu não tinha ideia. "Hoje em dia, no casamento, os cônjuges desistem da liberdade de dizer 'Eu' e 'Você' com o objetivo de criar o 'Nós'."[5] Precisávamos de um "Eu" e "Você", mas tudo o que conseguíamos era um "Nós" codependente.

Identificar-se com o roubo é considerado crime nesta era tecnológica, mas o nosso inimigo tem roubado as verdadeiras identidades dos filhos de Deus desde que a vida teve início no jardim, e ele é um especialista nisso.

A Imaturidade Espiritual de Gail

Gail entra no gabinete de leitura e percebe que Dan está assistindo a um vídeo pornográfico.

— Como você é capaz de ver esse tipo de coisa?

— Não estou machucando ninguém. Seria até bom que você sentasse para assistir junto comigo. Eu nunca a machucaria na cama.

— Você acha isso mesmo?

— É claro.

Será que ele está certo? Sendo nova convertida, ela estava aprendendo a submeter-se ao marido.

Dan está dirigindo na contramão. Gail sente-se inquieta. "Acho que algo está errado."

A confiança de Dan e seus argumentos convincentes a tranquilizam. Ao ficar sonolento, Dan troca de lugar com Gail, para que ela dirija. Ela põe o cinto de segurança, olha para os dois lados, e passa para o lado errado da pista.

Deus nunca pretendeu que as esposas se submetessem à imoralidade. É preciso ver o contexto em que está inserido Efésios 5.22: "Vós, maridos, amai vossa mulher, como também Cristo amou a igreja e a si mesmo se entregou por ela" (5.25). O homem é chamado a dar a própria vida por sua amada — demonstrando a submissão *mútua* planejada para o casamento — em uma analogia de Cristo com sua Noiva, a Igreja. A meta de nossa submissão é a santidade, nunca a transigência.

O Primeiro Limite

John disse a Linda:

— Marquei uma consulta no posto de saúde para realizar um exame de DSTs.

— Obrigada. Quero a abstinência até você obtenha o resultado.

— É justo.

Linda sentiu-se aliviada e orgulhosa de si mesma. *Não foi tão difícil.*

Linda percebe que John está bêbado enquanto ele procura desajeitadamente pela chave. Ela já arriscou a vida antes, com medo de dizer qualquer coisa que ofendesse o marido ou, pior, com medo de que ele partisse. *Não desta vez.* "John, eu dirijo até em casa." A voz de Linda está confiante, e ela caminha até a porta do motorista. Linda está aprendendo quem ela é. Permitir-se ser uma vítima da negação de John seria uma violação dos seus limites recém-descobertos.

Nossos Limites São nossa Responsabilidade

Dizer "Ele é o motorista" ou "É um problema *dele*" é racionalizar a nossa negação. Se o comportamento dele está violando nossos limites, então temos a responsabilidade de entrar em ação.

Jesus disse: "[...] tira primeiro a trave do teu olho e, então, verás bem para tirar o argueiro que está no olho de teu irmão" (Lc 6.42). Ele nos deixou a responsabilidade de mudar *primeiro*. Impor os nossos limites é uma poderosa forma de comunicação. Não podemos mudar o nosso cônjuge, mas podemos amá-lo o suficiente para obter o nosso ponto de vista. "Tenho apelado para o nosso relacionamento e para o que a possibilidade de machucá-lo possa causar. Mas se isso não é suficiente, começarei a remover do nosso relacionamento coisas que você preza e dá valor. Não é o que eu gostaria de fazer, mas se esta é a forma de fazer com que você assuma a responsabilidade pelo seu problema, então farei."

Desvencilhar-se do comportamento sexual do cônjuge é o nosso último desafio. Poderíamos ser mais objetivas se o escape fosse o álcool, mas quando eles entorpecem a dor tendo relações sexuais com outra pessoa — real ou imaginada em fantasia ou por meio da pornografia — é difícil não lidar com o problema de forma pessoal. É preciso ganhar apoio de grupos de ajuda, e passar tempo na presença de Deus tem de ser a nossa maior prioridade. A graça e a verdade são as nossas melhores amigas.

Steve Arterburn, cofundador de *Minirth Meier Family Life Clinics*, descreve o vício sexual da seguinte maneira:

"O viciado corre e desce mais rápido pela avenida do vício. Ele convence a si mesmo de que está no controle, de que pode parar no momento que quiser. Mas com o tempo, vê a necessidade de parar e descobre que está em um veículo descontrolado, sem freios. Somente quando ele entra de cabeça em algo que não pode ser movido — a lei, uma doença, a humilhação pública — é que consegue parar.

"No entanto, não *tem de* ser dessa forma. Existe outro caminho que os viciados e seus amados podem tomar. Chama-se *recuperação*".[6]

Capítulo 17

A HISTÓRIA DE MEU MARIDO

QUERO PARTILHAR UM POUCO DA MINHA HISTÓRIA com você a fim de ajudá-lo a entender que nós, maridos viciados em sexo, temos certos defeitos de caráter que nos mantêm em cativeiro. Somos peritos na mentira e no engano, e iremos dizer e fazer qualquer coisa para manter o acesso a nossa droga protegida. Pensamos que, sem ela, morreremos. Achamos que só estamos verdadeiramente vivos quando agimos fora do casamento, ainda que estejamos mortos por dentro logo que o ato acaba e que estejamos ansiosos pela correção — uma que finalmente possa funcionar para nós. Estamos convencidos de que não existe nenhum caminho além do estilo de vida que escolhemos e que estaremos metidos nele até a morte.

Esforçamo-nos para enganar aqueles mais próximos de nós e protegemos o nosso segredo sendo amáveis e carinhosos. De fato, a maioria de nós trabalhará em profissões sociais — magistério, ministério ou medicina. Nossa atenção leva-nos a ter ainda mais ressentimento — com o qual, é claro, não estamos preparados para lidar de maneira saudável —, o que, por sua vez, adiciona mais combustível aos nossos incêndios viciosos. Não temos esperança de escapar à trama que criamos para nós mesmos.

Casei-me com Molly quando tinha vinte anos. Ela fora a minha namorada da escola. Durante todo o Ensino Médio, eu me masturbava compulsivamente, e lembro-me de ter pensado, na noite anterior ao nosso casamento: "Agora será o fim disso". Entretanto, uma vez que usara o sexo para esconder-me de meus sentimentos por muitos anos, esse comportamento passou a ter mais força com os conflitos inevitáveis e os sentimentos que vieram com o casamento.

Cresci em um lar onde não era permitida a expressão dos sentimentos ou de forte emoção. Consequentemente, não aprendi a lidar com meus sentimentos de maneira saudável — eu os enterrava até que explodissem em fantasias sexuais e em ações premeditadas.

Meu pai morreu quando eu tinha dez anos, e minha mãe tornou-se superprotetora na tentativa de compensar a ausência dele. Tudo isso me conduziu a uma esmagadora necessidade de aprovação dos outros em geral, e particularmente da aprovação de mulheres. Olho para trás e vejo, hoje, que o início da minha infidelidade no casamento coincidiu com os sentimentos de desaprovação e infelicidade de Molly, sentimentos com os quais eu não sabia como lidar.

Passei a maior parte dos vinte anos seguintes levando uma vida dupla. Em casa, tentava ser o marido mais amável e generoso possível. Isso era motivado pela minha intensa vergonha e culpa com relação à minha vida secreta. Eu traía, sentia-me terrivelmente culpado, e depois dizia a mim mesmo que nunca mais faria aquilo de novo. Então voltava para casa e tentava ser um supermarido, superpai e supercristão. Inevitavelmente, o ressentimento aparecia quando Molly estava infeliz com alguma coisa. Como ela podia não reconhecer a superpessoa que eu era? Logo os ressentimentos e o desejo de ferir de volta conduziam-me à atividade extraconjugal seguinte. É claro que, para mim, todas essas razões eram um mistério; eu só conhecia a força do vício para encontrar a próxima situação de apuro. Todos esses padrões estavam lá, escondidos sob mentiras e mais mentiras de negação.

Sempre disse a mim mesmo que, se contraísse uma DST, confessaria a Molly. Depois de vinte anos atuando fora do casamento, foi exatamente isso que aconteceu. Finalmente, coloquei tudo às claras. Quando Molly me perdoou, senti-me tão livre e feliz — realmente jubiloso — de que não tivesse mais de carregar o fardo de manter a mentira. Mas a realidade logo despontou; enfim eu me sentia livre, enquanto Molly sofria sob o fardo de lidar com a dor causada por minhas mentiras, decepções e infidelidade repetitiva. Foi um tempo muito difícil — ela não podia entender por que eu estava tão feliz, e eu lutava para entender a razão de ela estar tão triste.

Olhando atrás, vejo que Molly carregou longe a pesada carga no início da recuperação. Ela teve de lidar com a perda de tudo o que achava ser verdadeiro em nosso relacionamento, com a dor da traição, com o medo da doença, com a dificuldade de perdoar o número ilimitado de traição, além de enfrentar sua codependência. Durante esse tempo, ela também teve de ser mãe para a nossa grande família, manter a casa, e lidar com um marido que era incapaz de entender seus sentimentos de dor e perda. Posso ver o seu terrível fardo hoje ao olhar para trás, para a experiência da recuperação. Gostaria de ter entendido e considerado sua dor e seu peso naquele tempo, mas não fiz. Eu estava simplesmente aliviado e feliz por livrar-me do vício.

Comecei a frequentar grupos de apoio que seguem os Doze Passos, e nos envolvemos em uma igreja que dava suporte para a recuperação. Aos poucos, obtive progresso em admitir minha fraqueza quanto ao vício e encontrar paz na sanidade. Comecei a ter uma visão melhor de mim mesmo. Entretanto, o foco estava todo sobre mim, como o viciado; o conselheiro nos assegurou de que Molly "não era de forma alguma codependente!" Por meio dessa experiência, descobri que é um fator decisivo encontrar um conselheiro que entenda sobre os vícios em geral, e tenha experiência em lidar com o vício sexual em particular.

Tive aproximadamente cinco anos de sobriedade e liberdade do cativeiro naquela época. Renovamos os nossos votos e o nosso casamento ficou mais forte, com o "verdadeiro eu" envolvido pela primeira vez. Quando entendi que estava forte o suficiente, parei de frequentar os grupos de apoio. Eu poderia fazer isso agora.

Tragicamente, a ex-namorada de meu filho cometeu suicídio em nossa casa. Escolhi lidar com a dor voltando para o vício — escolhi as trevas novamente, ao invés de permanecer na luz. Ainda que estivesse cercado de amigos amáveis, acreditei na mentira de que o meu vício sexual era a única maneira de lidar com a dor — ou de não lidar com ela. Agora, entendo que, como um viciado, lido com a dor através do vício. Quanto maior a dor em minha vida, mais tenderei ao vício.

Permaneci na atividade sexual extraconjugal por quatro anos! Infelizmente, nós viciados não começamos do zero — começamos de onde paramos — sempre à procura de mais para obter o mesmo nível de apuro. Voltei à vida dupla, dessa vez certo de que estava preso para sempre.

Quando volto o olhar para esse tempo, vejo as evidências do custo que o vício teve em minha vida. Por causa da minha vergonha e culpa, nunca tive confiança em minhas habilidades e meus talentos em qualquer trabalho. Sempre receava que, de alguma maneira, meus chefes ou colegas descobrissem a realidade sobre mim e que a terrível pessoa que eu era fosse exposta. O resultado foi perdas financeiras, pelo fato de eu não ser uma pessoa completa no trabalho. Também houve as horas gastas circulando, o dinheiro gasto para sair com alguém, e o dinheiro extra gasto para disfarçar para minha esposa e minha família.

Por fim, existe a promessa áurea dos viciados: Talvez se eu me mudar, trocar de profissão, começar um novo negócio, começar a estudar, não terei mais de agir fora do casamento. Tentei todas essas coisas! Para onde quer que nos mudássemos, ou seja lá o que eu fizesse, eu estava indo junto, e o vício era parte de mim.

Depois de quatro anos, a vergonha e a culpa cobraram o pedágio. Eu estava tão mesquinho e péssimo que Molly finalmente me disse para buscar ajuda, caso contrário ela partiria. Ela pensou que eu estivesse com depressão, mas eu sabia exatamente qual era o problema — outra vez.

A conselheira insistiu para que eu confessasse a Molly que a estava traindo, e recomendou-me um ministério cristão específico para viciados em sexo. Comecei a obter aconselhamento e frequentei grupos de apoio. Molly também frequentou um grupo para esposas. Tive um ano de sobriedade sexual por intermédio desse ministério.

Não consigo me lembrar o que fez com que eu escorregasse, mas retornei ao vício novamente, em vez de aceitar o apoio oferecido por aquele ministério. Menti para os membros do grupo, menti para meu conselheiro, menti para Molly, e menti para mim mesmo. Se eu tivesse sido honesto, o trabalho de recuperação do grupo teria funcionado para mim. Deixei que a ajuda e o conselho fossem apenas externos, e não como o trabalho interior, automotivador, que havia experimentado anteriormente com o programa Doze Passos. Fiquei ativamente no vício por mais dois anos.

Quando Molly começou a escrever este livro, não tinha ciência do meu verdadeiro estado. Lembro-me da intensa vergonha que senti por causa de minha recaída nesse tempo. *E se o livro de Molly for publicado e eu for pego em flagrante?* Apesar do medo, não achava que era capaz de acabar com o vício.

Então Molly disse, certa noite:

—Você sabe qual é a minha expectativa?

— Qual?

— A de que um dia descobrirei que você está novamente me traindo, exatamente como as outras duas vezes.

Eu não sabia o que dizer. *Deveria contar a ela?*

— Preferia um dia de honestidade a passar toda uma vida junto com a decepção.

—Você realmente preferia isso?

— Sim.

— Molly, tenho tido atividade sexual fora do nosso casamento mais uma vez.

Agora, ela não sabia o que dizer.

—Você disse que queria um dia de honestidade, então estou lhe proporcionando isso.

Molly tentou achar a voz.

—Você está falando sério, não é?

Naquele ponto do nosso casamento de 32 anos, ela tinha recebido apenas seis anos de verdade e honestidade, contra 26 anos de mentiras e decepções.

Até quatro dias atrás, eu tive sete meses de sobriedade e sanidade. Então, fiz algo que disparou o desgosto de Molly — desliguei a estufa. Ela chorou durante quatro horas. Não pude aguentar a situação — senti-me julgado, e queria vingar-me — então comi três big lanches no McDonald's, tentando encontrar algum conforto. Deixei que os sentimentos dela me definissem; internalizei tudo como se fosse desaprovação.

Conversamos sobre o assunto por duas horas. Ela sentiu-se como se estivesse invisível — como se eu não me importasse com ela — quando desliguei a estufa sem consultá-la. A sua reação exagerada era, na verdade, resultado da dor que sofrera quando era menina. Molly passou a infância achando que ninguém se importava com ela. Mas isso não modificou meus sentimentos de desaprovação. Naquela noite, fui a uma casa de massagem. Queria feri-la por expressar os seus sentimentos, ao mesmo tempo que desejava conforto para minhas próprias feridas. Confessei o que fizera a Molly imediatamente.

Pela primeira vez, reconheço quanto poder deixo que a aprovação ou desaprovação de Molly exerça sobre mim. A questão não era ela — mas sim minha vergonha reagindo pessoalmente às emoções dela. Aprendi que sou totalmente responsável por minhas próprias reações; não posso culpar Molly ou quem quer que seja. Preciso tomar atitude para obter a ajuda profissional que preciso a fim de parar de agir sexualmente de modo passivo-agressivo. Quero aprender a lidar com os fortes sentimentos de Molly de maneira adequada. Do contrário, será apenas uma questão de tempo até que eu comece a buscar meios ilícitos de aliviar a dor. Somente encontrando a libertação de meus vícios por aprovação e aceitando a mim mesmo estarei livre das atividades viciosas que realizei no passado.

Uma palavra que significa muito para mim agora é *pesar*. Depois de 26 anos cedendo a impulsos sexuais descontrolados, tudo o que me sobrou do vício resume-se na palavra "pesar". Apesar das promessas vazias de prazer e escape, ao fim, sobram apenas lamento e pesar. Compartilho estas palavras porque elas me mantêm sóbrio hoje — sabendo que a única coisa que terei de mostrar por outro deslize será desgosto.

Capítulo 18

UMA DOENÇA DE FAMÍLIA

"Uma recuperação individual pode servir como fermento para promover mudanças na família inteira." — Dr. Patrick Carnes[1]

"Porque o vício é considerado uma doença de família, a recuperação torna-se mais eficaz se envolver toda a família."[2]

Uma amiga perguntou-me:

—Você não se preocupa com o que o vício do seu marido poderá fazer na vida de seus filhos?

— Eu costumava me preocupar. Mas é exatamente o contrário. Nosso lar está mais emocionalmente seguro agora do que antes. Conversamos sobre *todas as coisas*. Somos abertos acerca de qualquer defeito nosso, por isso as crianças se sentem aceitas apesar de qualquer defeito que tenham.

Este não foi sempre o caso. Nos primeiros quinze anos que educamos nossos filhos da mesma forma que havíamos sido educados por nossas famílias disfuncionais de origem — envolvendo controle, manipulação pela culpa e sentimentos invalidados —, nosso lar foi marcado pelo autoritarismo típico, onde as crianças eram para ser vistas, não ouvidas, ou dizíamos algo como"Vou lhe dar alguma coisa para você chorar de verdade". Naquela época, mal tínhamos um relacionamento com nossos adolescentes mais velhos.

Como nossos pais antes de nós, e nossos avós antes deles, nós *fingíamos* que éramos saudáveis. A negação permitia que olhássemos apenas para a nossa aparência respeitável, e para mais nada além disso. Éramos profissionais; vivíamos numa casa bonita e frequentávamos a igreja ativamente. Antes da descoberta do vício, pensávamos que éramos normais, uma família feliz, *exatamente* como os lares em que havíamos sido criados. Não sabíamos que *este* era o problema.

O Dr. Patrick Carnes chama de crianças *vulneráveis* os filhos que vêm de lares disfuncionais, rígidos ou desfeitos."Elas não são crianças más; são crianças que buscam alívio para sua dor. Elas usarão o que for necessário para sentir-se bem — comida, TV, sexo, qualquer coisa para aliviar a dor."[3] Nossos dois filhos mais velhos "entorpeciam" o comportamento. A compulsão por comida, o sexo prematuro e o abuso de drogas em que estavam envolvidos zombaram de nós até que começamos a entender o mecanismo do vício *e* como nossa família era disfuncional. Antes de nos mudarmos, foram vários anos tentando corrigir os erros, e o comportamento só piorava dramaticamente.

As aulas de orientação para pais, os livros que focalizavam habilidades e ainda os grupos de recuperação davam ênfase às *crenças*. Tratar os nossos filhos com respeito fez com que o relacionamento começasse a melhorar, mas as crenças problemáticas oprimiam *toda a nossa família*. Éramos cristãos tolhidos, com fé suficiente para a salvação, mas não suficiente para crer que éramos profundamente amados e acariciados. Desse modo, a forma de compensarmos a situação era ganhar a aprovação dos outros, especialmente a de Deus. Era esta a tradição familiar que estávamos passando para os nossos filhos — até que o vício forçou-nos em direção à recuperação.

A coisa mais amável — e mais dolorosa — que Deus fez para mim foi expor-me às minhas crenças disfuncionais. Nossa prisão invisível, com grades de vergonha, foi condenada, e a demolição teve início quando tudo foi posto à luz. Desse modo, a prisão perdeu o poder de oprimir a próxima geração — os nossos filhos preciosos.

"Se não falamos sobre isso, então não é um assunto resolvido." — Dan Gerald, Holy Scars [Cicatrizes Santas][4]

Depois de dez anos em recuperação, nossa conselheira sugeriu que contássemos aos nossos filhos mais velhos sobre o vício. "O mundo deles precisa fazer sentido", disse ela. Timóteo e eu não estávamos mais culpando um ao outro; ambos estávamos comprometidos com a recuperação pessoal e não iríamos persuadir as crianças a se posicionarem de algum lado. Esta foi uma decisão importante que tomamos junto com a nossa conselheira.

Faça a si mesmo as perguntas abaixo antes de decidir partilhar o problema com os filhos:

- Eles estão emocionalmente estáveis?
- Como lidam com a ira?
- Têm um bom sistema de apoio (amigos, pastor da juventude)?
- Existem outros adultos com quem eles possam dividir os sentimentos?
- São maduros o suficiente para respeitar de modo apropriado o que é confidencioso?
- Temos autoaceitação suficiente para nos submetermos ao risco de eles contarem a alguém?
- Qual a nossa expectativa ao contar-lhes?
- Somos capazes de aceitar os sentimentos dolorosos deles sem julgá-los, ouvindo-os atentamente?
- Estamos preparados para permitir que eles lamentem por suas perdas?
- Quanta informação deveríamos compartilhar? O que Deus considera apropriado e útil?
- Possuímos algum conselheiro que possa ajudá-los a trabalhar os sentimentos?
- Quantas consultas deveríamos marcar para eles?

Um especialista em vício escreve: "Casais que estão juntos em recuperação já tiveram de resolver sua própria pauta. Em virtude da natureza delicada do tema do sexo, muitos parecem esperar que os filhos tenham uma idade mais avançada. A maioria... escolhe falar abertamente com os adolescentes, e não com as crianças... É melhor esperar para falar com os filhos até que... possamos lidar com a situação no caso de outras pessoas descobrirem o problema".[5]

Timóteo levou nossos dois filhos mais velhos, de 23 e 21 anos, para almoçar. Ele explicou-lhes sobre o vício sexual e pediu perdão, assumindo a responsabilidade pelo seu comportamento. O mais velho disse: "Pensávamos que a mamãe não era amável e que você era o cara gentil. Isso explica tudo. A mamãe é realmente forte".

Os dois rapazes confessaram suas próprias lutas na área sexual. Para meu alívio, elas eram de menor importância. Pela primeira vez em 22 anos, éramos honestos com os nossos filhos. Timóteo não entrou em detalhes, mas também não encobriu o seu comportamento. Agora, desfrutamos de um relacionamento honesto e aberto.

Durante os quatro anos seguintes, Timóteo reincidiu no vício. Eu não percebia o que estava acontecendo, e nós brigávamos muito, sem que eu soubesse por quê. Finalmente, Timóteo confessou e identificamos o verdadeiro problema. Nesse meio tempo, chegara o momento de contar tudo aos três filhos seguintes.

Eles ainda precisam encontrar-se com outros filhos de viciados em sexo, pois carregam um fardo solitário. Estatisticamente, no entanto, eles interagem, sem saber, com centenas de outras crianças com o mesmo problema na escola. Manter guardado o segredo do vício sexual na família coloca-os numa posição vulnerável, onde se sentem envergonhados ou diferentes, *separados* das outras crianças. John Elredge faz um alerta: "Você não deve ficar sozinho. No princípio, lá no Éden, a estratégia do Inimigo consistia num simples objetivo: dividir e conquistar. Deixá-los isolados e então apanhá-los".[6]

Uma vez que meus filhos seriam ajudados pelas experiências de outros, perguntei-lhes se compartilhariam suas próprias experiências.

Os capítulos seguintes contêm as suas histórias. Esperamos que estas auxiliem outros a identificar os próprios sentimentos, a descobrir que não estão sós, e ajudem a encorajar a honestidade e a aceitação dentro da família.

Nossos filhos estão em estágios diferentes do processo de lamento. O mais velho foi o mais influenciado pela nossa disfunção, e ele enfatizou quanto nós trabalhávamos. O Dr. Carnes observa que as famílias disfuncionais não funcionam direito. Lembro-me de quanto eu lutava quando ele era mais novo. Eu rangia os dentes enquanto o via brincando com Lego, só *porque ele não estava trabalhando*, pois esta era a minha maneira de receber aprovação. Hoje, brinco com os meus filhos não porque estou de folga, mas porque meus valores mudaram. Estou mais feliz!

O ato de contar as nossas histórias é um convite à honestidade e à aceitação, em oposição às nossas regras disfuncionais de família. "Encobrir o segredo é uma parte da doença do vício... Ser aberto com os filhos é parte da recuperação; permitir que eles se abram com quem quer que seja é parte da recuperação deles."[7]

Tivemos uma única oportunidade de contar tudo aos nossos filhos.

O discernimento de pastores e conselheiros é inestimável, porque é muito difícil ser objetivo em nossos relacionamentos mais íntimos. A confissão pode trazer cura, confiança e intimidade se nos humilharmos, assumindo a responsabilidade pelo nosso comportamento e entregando as reações e o processo de lamento dos nossos amados nas mãos de Deus.

O objetivo de compartilhar as histórias de meus filhos é promover uma comunicação aberta nas famílias. Focalize os sentimentos de seus filhos antes de contar-lhes o problema. Algum tempo mais tarde, quando eles não se sentirem abatidos, talvez você queira sugerir que leiam os capítulos seguintes. Há questões ali para vocês discutirem *juntos*; a comunicação não é um fator opcional em uma família saudável. A *honestidade* é o caminho mais eficaz para promover mudanças nas crenças disfuncionais da família. Quando conversamos abertamente com os nossos filhos sobre os nossos próprios defeitos, eles sentem-se aceitos mesmo assim.

Por último, confessar o vício sexual aos filhos é a nossa maior oportunidade, como pais, de superar com *graça* e *verdade* as crenças disfuncionais perpetuadas pela *vergonha*.

Capítulo 19

A HISTÓRIA DE NOSSAS FILHAS

A História de Érica, 14 Anos

Se pudesse reverter o passado, você o faria? Imagine por um segundo o que poderia ser a vida sem a dor. Quem você seria? Acha que poderia ser feliz? Se a resposta é "sim", gostaria de lhe dizer que discordo de você. Por quê? Porque você precisa estar na mais profunda sombra para poder ver a mais clara luz. Muito frequentemente, é através da escuridão dos nossos próprios erros que vemos a força da justiça. Aqueles que não conheceram a dor não podem conhecer a paz infinita que recai sobre o espírito atribulado quando este recebe — finalmente — o alívio.

Sou jovem e nada sei sobre a dor que você tem suportado, mas realmente sei o que é a dor. Todo o mundo sabe. Sinto-a quando meus pais estão brigando, quando minha mãe está chorando. A dor vem sobre mim quando penso no passado, no que perdi, e nos meios que usei. Ela vem sobre mim, fico envergonhada de dizer, quando olho atrás, para o meu velho eu. A dor é universal.

Lembro-me de quando minha mãe contou-me o seu problema. Ela acabara de desligar o telefone em que estava falando com o meu pai, e começou a chorar. Enquanto me sentava ao seu lado, tentando confortá-la, ouvi a sua história. Ela contou-me que meu pai era um viciado em sexo e que ele lhe confessara tudo há apenas doze anos atrás, quando eu era um bebê. De um casamento de 32 anos, passaram-se vinte anos para que ele confessasse. Quando ouvi a história, não fui atingida tão fortemente como eu imaginava que seria. Acho que nem mesmo percebi o que ela queria dizer.

Eu já sabia, mesmo antes de ela me contar, que meu pai era viciado em sexo. Apreendi o problema por meio das brigas. Eu tinha apenas doze anos, mas, olhando para trás, posso ver como isso me afetou de diversas maneiras. Afetou-me mais do que eu provavelmente saiba. Eu era muito sentimental e desagradável. Descontava a ira que sentia para com os meus pais nos amigos da escola e nos meus irmãos mais novos. Também descontava a raiva em mim mesma. Acreditava que era gorda, e assim escondia livros de dieta debaixo do colchão. Além disso, era terrivelmente acanhada. Lembro que, na escola, nem mesmo queria caminhar sozinha até o banheiro.

Se eu pudesse ter escolhido a maneira de descobrir sobre o vício do meu pai, teria sido por intermédio da minha mãe, porém antes que eu pudesse captar a situação pelas brigas. É muito duro imaginar uma coisa como essa e ainda ter de lidar com a situação sozinha. Acho que simplesmente empurrei o problema, abafei-o. Não gostava de pensar no meu pai — meu herói, o cara mais legal do mundo — daquela maneira.

Eu odiava quando eles brigavam, e algumas vezes os odiei por isso. De vez em quando, trancava-me no quarto, tentando fugir da situação, não querendo lidar com ela. Lembro-me de não conseguir dormir, tarde da noite, por causa dos gritos no quarto próximo ao meu. Era terrível. Finalmente, Deus me deu graça para perdoar. As brigas diminuíram agora, e sinto-me muito mais aberta para com eles.

Antes, sentia-me sozinha e mal compreendida por meus pais. Você pode ter de esforçar-se muito para ver que as pessoas que o feriram mais são aquelas a quem você deveria ser mais grato. Meu pai continua sendo um herói por ter feito uma das coisas mais difíceis de se fazer, que é abrir-se e falar a verdade, ainda que isso o coloque na cova mais profunda.

Crescer tendo um pai viciado em sexo faz com que a vida na escola seja bem difícil, especialmente quando o problema fica ao redor. Quando eu estava no oitavo ano, uma amiga de muito tempo ficou sabendo sobre o meu pai e também soube que minha mãe estava escrevendo um livro acerca do assunto. Ela contou isso para todas as minhas amigas, deixando-me arrasada. Voltei chorando para casa. Senti-me rejeitada; o trabalho do meu pai podia estar em risco, e parecia que todos na escola estariam comentando sobre mim por trás. Bem, as coisas não terminaram assim tão mal. Minha amiga e eu conversamos sobre o que ela havia feito e ainda somos amigas. As amigas dela não contaram a ninguém, e assim nenhum rumor alastrou-se.

Contudo, a vida ainda permanece difícil. Choro frequentemente pela minha mãe — pela dor, pelas mentiras e pelo engano que ela teve de suportar. Lamento por mim e pelos meus irmãos. Amo muito os meus pais. Sofro quando os vejo sofrer. Entretanto, quando minha mãe desmorona e conversa comigo sobre o que está sentindo, fico mais próxima dela. Ser aberto com os filhos gera amor profundo, confiança e respeito. Em uma família, todos se machucam quando acontece algo como isso. Não existe outro caminho.

Uma coisa que lamento muito é o pensamento de que meus pais consideraram o divórcio. Choro só de pensar. Se meus pais tivessem se divorciado, o resultado teria sido terrível. Ter de escolher um amor sobre outro não é certo. Esta é a pior coisa que você pode fazer a um filho que está sofrendo. Seus filhos podem lembrar-se das brigas, mas pelo menos se lembrarão dos pais juntos.

E então, se pudesse remover toda a dor e as feridas do passado, você faria? Com todo o meu coração, eu não faria. Na verdade, sou até mesmo grata pelo vício de meu pai. Eu o amo e estou orgulhosa de ver quanto ele tem progredido. Amo muito minha mãe por ela ter sofrido essa dor e tudo o que teve de passar. Amo quem sou; tudo o que passei transformou-me em alguém de quem tenho orgulho. Perdoei aqueles que me magoaram e me feriram. E quero que você perceba que não está só.

Se ainda não o fez, pense sobre como seus filhos se sentem. Quero encorajá-lo a conversar com eles, dizendo-lhes que, com Deus, o problema é suportável. Apoie seus filhos e tente entender o que eles estão passando. Ajuda-me muito quando minha mãe canta a música que gosto; coisas simples como essa significam bastante. Dê tempo aos seus filhos. O coração pode melhorar. Talvez eles carreguem cicatrizes, mas estas podem ser melhoradas com o amor e a graça de Deus.

A História de Kelly, 22 Anos

Descobri sobre o vício de meu pai quando estava me preparando para a universidade. Certa noite, durante o Natal, voltei para casa tarde do meu trabalho de garçonete e comecei a discutir de brincadeira com meu irmão na cozinha. Minha mãe entrou e gritou conosco. Suspirei aborrecida, pois meu dia fora cansativo e eu não queria receber gritos por causa de algo que era uma brincadeira. Normalmente, eu a ouviria e me desculparia, mas não o fiz dessa vez. Eu e meu irmão nos defendemos. A essa altura, minha mãe parou de chorar, olhou para meu pai que acabara de entrar na cozinha e disse-lhe: "Você terá de contar a eles".

Meu irmão e eu esperamos; minha imaginação estava acelerada com milhares de pensamentos que giravam em torno da repentina insegurança que uma declaração pode criar em você. *Contar-nos o quê?* O que eles possivelmente teriam para nos contar que viesse explicar o excêntrico comportamento dela, o qual era tido por nós como normal? Senti como se o chão de madeira abaixo de mim se transformasse em areia.

Meus pais nos levaram para o quarto deles. Eu estava embaraçada, e sabia que todos estavam sentindo o mesmo. Ficamos todos estatelados na cama, com uma caixa de lenço de papel entre nós. A voz do meu pai tremia enquanto seus olhos enchiam-se de lágrimas. Disse que não havia sido totalmente honesto conosco e que machucara profundamente minha mãe. Continuou a dizer outras coisas, mas não me lembro delas.

Entretanto, lembro exatamente como me senti. Fiquei chocada, sentindo como se tivesse apanhado no rosto. A vida que pensei que minha família levava não tinha sido nada mais que ilusão. Cresci recebendo cumprimentos de outras pessoas pelo fato de ter um pai maravilhoso; elas diziam-me que eu era feliz por tê-lo como pai. Minhas amigas frequentemente diziam que queriam casar com alguém que fosse tão carinhoso como o meu pai. Eu concordava com elas, dizendo que seria difícil encontrar alguém tão maravilhoso quanto ele. Senti-me traída diante das palavras dele, mas, pior do que isso, sabia que estava sentindo apenas um pouco da traição que minha mãe teve de aguentar.

Tentei ser forte e disse a meu pai que estava tudo bem, que nós o amávamos. Disse-lhe que um estudo conduzido pela minha universidade cristã revelara que mais da metade dos homens olhavam pornografia na internet. Eu diria qualquer coisa para mostrar-lhe que nós não o rejeitaríamos. Tive medo de reagir porque sabia que eles se sentiam em apuros quando resolveram nos contar. Olhei para todos em volta da cama, internalizando as palavras de meu pai e tentando racionalizar. Não pude ajudá-los, então sorri de nervoso, e me senti horrível por isso. Eu queria rir do absurdo da vida, mas não podia.

Não tenho como expressar quanto sou grata por eles terem finalmente decidido nos contar a verdade. Essa verdade explicou muita coisa da minha infância. Eu sempre soube que algo não estava exatamente bem em casa, mas não fazia ideia do que era.

Achava que meu pai era viciado em trabalho. Enquanto eu estava em casa, ele ficava imerso em seus pequenos negócios e viajava frequentemente. Minha mãe tornou-se incrivelmente independente, uma figura forte para a família. No entanto, ela sempre parecia ter algum tipo de escape para canalizar a sua dor. Quando eu me preparava para a faculdade, o escape era a jardinagem. Durante meu Ensino Médio, o vício por antiguidades a entorpecia. Era como se parte dela fosse sábia, devido aos anos, e parte agisse como uma criança, esforçando-se para ter algo, qualquer coisa. Eu a respeitava, porém não a entendia. Conhecer a verdade ajudou-me a encontrar a resposta para as minhas questões. Somente quando as peças do quebra-cabeça se encaixam, podemos encontrar a cura.

Mais tarde, naquele mesmo ano, eu me preparava para viajar ao exterior, trabalhando contra o tráfico sexual. Enquanto falava com minha mãe ao telefone, descobri a extensão do vício sexual de meu pai. Fiquei chocada ao ouvir que ele de fato visitou prostitutas. Talvez eu não quisesse saber. A maioria das filhas não quer ouvir as palavras *pai* e *sexo* na mesma sentença.

Na manhã seguinte, fui para a aula e ainda estava em choque. Não queria estar na faculdade, mas também não queria estar em casa, pois pensaria sobre a situação. Fiquei parada, com os braços cruzados, aturdida, quando minha professora veio até mim e disse: "Você está em uma posição defensiva. Como está se sentindo hoje?" Olhei para ela com os olhos cheios de lágrimas. Ela deu-me um abraço apertado e contei-lhe que tinha descoberto algo sobre o meu pai que me deixara muito chateada. Então, ela perguntou: "Vício sexual?" Pensei que trairia meu pai se contasse alguma coisa, mas o meu semblante já havia contado tudo. Perguntei à professora como poderia ir ao outro lado do mundo fazendo oposição ao tráfico sexual. Sentia como se estivesse trabalhando contra o meu pai. Mais tarde, naquele mesmo dia, ela pediu que a classe orasse por mim. Embora eles não soubessem por que estavam orando, seu apoio e amor envolveram-me e tocaram a profunda desolação que eu sentia. Eles lembraram-me de que o corpo de Cristo é chamado a suportar as cargas uns dos outros em amor. Aqueles irmãos e irmãs fizeram mais por mim naquele dia do que qualquer um poderia imaginar.

Enquanto creio que meu pai teve a oportunidade de escolher — e ele escolheu mal — posso ver que Deus realmente faz tudo concorrer para o bem daqueles que o amam. Saber sobre o vício do meu pai, por fim, ajudou-me a aprofundar o entendimento e a complexidade dos temas sociais enquanto estive no exterior. Visitei um bar em particular, onde assisti a homens estrangeiros apanhando prostitutas locais. Meu coração frequentemente ficava pesado com o fardo que carregava, não pela prostituta ou pelo homem, mas pelo estado de nosso mundo pecaminoso. Saber sobre o meu pai fez com que eu desenvolvesse um profundo sentimento de compaixão, pois eu amava meu pai incondicionalmente, e sentia que Deus me chamava para amar outros da mesma forma, ainda que o outro tomasse a figura do meu inimigo. Continuamente, eu lembrava que a linha entre o bem e o mal está dentro de cada um nós e que esses homens também têm a imagem de Deus dentro de si. Acima de tudo, eu me lembrava da vida de Jesus e de que Ele veio igualmente para todos. O vício de meu pai me ajudou a compreender melhor as profundidades da graça de Cristo.

Como filha de um viciado em sexo, acho que o caminho da cura pode ser especialmente difícil, por causa de toda a escala de emoções que parece, às vezes, ser esmagadora. Há sentimentos de ira, rejeição, isolamento, abandono, e falta de importância. O vício sexual não é socialmente aceitável. É desagradável e constrangedor falar sobre isso com os pais. Senti tristeza e pena da minha mãe — talvez um pouco confusa com o fato de ela escolher ficar com ele, mas, ao mesmo tempo, senti amor, compaixão e um genuíno desejo por eles, pelo fato de resolverem o problema.

Passei a acreditar que a verdadeira cura é fazer algo com o conhecimento que adquirimos. Não acredito que isso seja um Ok para simplesmente seguir com a minha vida, mas não acho saudável ficar obcecado. Há alguma coisa que acorda o espírito quando tocamos os outros com uma sabedoria em carne viva, com a dor e o lamento de nossas experiências passadas, os quais nos fazem ser quem somos.

Capítulo 20

A HISTÓRIA DE NOSSOS FILHOS

A História de Gabriel, 16 Anos

Não gosto de sentimentos, porque os sentimentos ferem. Ninguém gosta de sentir dor, mas sentimos, e todos lidam com os sentimentos de diversas maneiras. Um dos vários sentimentos que tenho é a raiva. É uma emoção facilmente acessível para mim e é a maneira como reajo a várias circunstâncias.

Quando meus pais nos reuniram todos para contar sobre o vício sexual de meu pai, fiquei perplexo. Senti-me como um tijolo feio numa parede de milhares de tijolos. Hoje, percebo que fiquei confuso, mas não percebi isso imediatamente. Lembro de ter dito, com os olhos cheios de lágrimas, que estava com raiva, e de fato estava, porém raiva não era tudo o que estava sentindo. Confuso, eu não sabia o que sentia ou o que deveria sentir. Não sabia que me sentia só; os meus irmãos definiram claramente os sentimentos que perceberam, eu não.

A situação implicava uma questão de confiança. Meu pai era a pessoa a quem eu recorria quando estava magoado. Ele me abraçava e perguntava sobre o que havia de errado, ou simplesmente me confortava. Raramente, eu me voltava para minha mãe quando tinha a opção de escolher, porque era como se ela fosse emocionalmente instável ou estivesse perturbada a maior parte do tempo. Quando meu pai nos contou a verdade, usei o seu engano como uma desculpa para não comunicar os meus sentimentos completamente. Quando meus pais me perguntaram, mais tarde, sobre como eu estava me sentindo, dei respostas curtas, resmunguei, e aos poucos enterrei meus sentimentos.

Finalmente, rachei. Minha mãe quis saber como eu me sentia e respondi algo como: "Que diferença faz?" Então, meus pais pediram-me para partilhar o que sentia com eles. Fiquei irado, declarei que tinha engolido o que sentia, e que não precisava deles, nem queria estar junto deles. Meu pai explicou que minha ira não podia ser descartada; ela era parte de mim, e se manifestaria de diversas formas caso eu não soubesse como lidar corretamente com ela. Conversar bastante sobre o assunto era o caminho mais saudável. Então, comecei a lidar com a raiva. Agora, tento sempre falar sobre os meus sentimentos para não exercê-los de modo nocivo.

Sei que minha família e eu temos aprendido e crescido bastante através da dor, e hoje posso expressar melhor o que estou sentindo.

A História de Tiago, 19 Anos

Quando soube do vício sexual de meu pai, eu tinha quinze anos e acabara de entrar para o Ensino Médio. Meus pais levaram minha irmã mais velha, meu irmão mais novo, minha irmã mais nova e eu para o quarto deles com o objetivo de nos contar que meu pai havia sido infiel à minha mãe. Ele tinha lutado com pornografia, clubes de strip-tease e dormira com outras mulheres. Foi duro de ouvir. Enquanto estava ali, sentado, a imagem que eu fazia de meu pai era estilhaçada. Senti-me profundamente triste e traído, mas ao mesmo tempo senti contentamento em meu coração. Fiquei contente porque meu pai estava de pé e foi aberto o suficiente para nos fazer aquela confissão. Para mim, aquilo era um sinal de que ele realmente queria mudar.

De repente, passei a entender o problema profundo que havia por trás das brigas. Sabendo que eles tinham passado por tamanha experiência penosa antes, meus medos quanto a um divórcio se dissiparam. A atitude deles era a de querer e esperar resolver o problema... e não permitir que o casamento e a família se despedaçassem.

Surpreendentemente, não me senti afetado por tudo aquilo. Apesar de ter uma agenda escolar superatarefada, eu tinha um trabalho após a escola que me ajudava a pagar o meu combustível e outras necessidades. Durante o meu último ano no colégio, descobri que meu pai tinha caído em seus antigos hábitos novamente. Meu coração partiu. Dessa vez, era uma situação totalmente diferente. A antiga ferida que começava a sarar foi outra vez aberta, mais profunda dessa vez. Meus sentimentos de traição ficaram mais fortes, porque percebi que enquanto economizava ou pagava coisas com meu próprio e limitado dinheiro, meu pai gastava com o seu vício. Senti como se meu pai amasse mais o vício do que a mim. Quando ele contou sobre o problema dessa vez, dei-lhe um abraço e disse que o perdoava, mas não era o que eu sentia no coração.

Minha raiva contra o meu pai começou a parecer nas situações do dia-a-dia. Na maioria das vezes, ela aparecia através do desrespeito, eu acho. Qualquer coisa que ele me pedisse, eu não queria fazer. Acabei evitando-o; não confiava mais nele. Finalmente, meu pai me chamou à parte e disse que se sentia ferido por mim. Ele podia sentir minha raiva contra ele. Fui forçado a examinar os meus sentimentos e as minhas ações, de modo que fiquei surpreso com o que achei.

Eu não perdoara o meu pai por ter me traído, e não achava que ele era"digno de perdão". O resultado foi que eu o culpava por todos os meus problemas; culpava-o por tudo, desde problemas financeiros até meu próprio pecado. Uma vez que percebi que estava colocando toda a minha responsabilidade sobre ele, pude conscientemente separar aquilo pelo qual ele era de fato responsável do que era então *minha* responsabilidade.

Percebi que, mais do que qualquer coisa, eu estava marcando a mim mesmo. Estava apavorado porque percebi como facilmente o pecado pode conduzir aos problemas que meus pais enfrentaram no casamento. Estava assustado porque era pecador, e sabia que facilmente poderia manifestar o mesmo comportamento do meu pai.

A chave em todo o processo foi que Deus me lembrou de sua maravilhosa graça. Consegui perdoar o meu pai somente quando percebi que ele precisava de perdão tanto quanto eu. Seu pecado era grande, mas o meu também o era. Se eu condenasse meu pai, então teria de ser julgado da mesma forma. Deus me fez saber que sua graça salvadora está disponível a nós dois. Deus está salvando o meu pai, e Deus está me salvando.

Obrigado, Deus.

A História de Preston, 24 Anos

Antes de qualquer coisa, amo o meu pai com todo o meu coração. Tenho grande afeição por ele, e sim, ele é um bom pai e um grande homem. Ele é respeitado, amado e procurado por aqueles que o conhecem.

Meu pai luta contra um problema muito comum que destrói as famílias: ele é viciado em sexo. Quando se ouve uma coisa como essa, você pode pensar: "Bem, quem não é?" Mas a verdade é que os dependentes de sexo lutam com o sexo em um nível bastante destrutivo, colocando o sexo antes das pessoas amadas, antes da família.

Ser filho de um viciado em sexo é difícil de várias maneiras. Primeiro, você não acredita que existe um problema, depois você descobre quanto o problema é sério. Talvez você sinta que tudo é sua culpa, ou é culpa da sua mãe. É difícil apontar o dedo para alguém que você ama — especialmente para aquele que tem o problema.

Não tive conhecimento sobre o vício do meu pai enquanto cresci, mas vi os seus efeitos na minha família. Minha mãe estava constantemente triste ou irritada, sem que meus irmãos e eu sequer imaginássemos por quê.

Meu pai tinha esse problema desde que era adolescente, e um dia, finalmente, ele confessou para mim e meu irmão em um restaurante. Eu tinha 22 anos na época, e já tinha minha própria família. Foi difícil engolir aquela verdade, porém o amor pelo meu pai nunca mudou. Em vez disso, senti tristeza por ele. Deve ser muito difícil viver na mentira. Ao mesmo tempo, entendi muitos dos argumentos e das brigas de meus pais, os quais nunca fizeram sentido para mim.

Minha mãe verdadeiramente se importa com a família, visto que escolheu permanecer com meu pai depois de descobrir sobre o seu adultério. A verdade é que todos nós gostamos tanto dele que temos de acreditar que ele pode mudar. Precisamos crer que há esperança para ele.

Tive minhas batalhas com a pornografia a ponto de causar conflitos conjugais. Algumas vezes, não é difícil questionar se de alguma forma estes meus problemas foram passados do meu pai para mim. No entanto, acredito que todo homem é tentado com essas coisas quase que diariamente. Sei que esconder as coisas da esposa *não funciona*. Estou convicto de que "a verdade nos liberta". Creio que pôr todas as coisas às claras é a melhor maneira de viver, pois quebra o ciclo da culpa e faz com que marido e mulher se tornem um *time*. Os problemas podem ser resolvidos em conjunto.

É fácil para mim falar sobre o vício do meu pai porque fui eu mesmo viciado, em um nível mais brando. Quando ele faz essas coisas, não significa que não me ame, mas quer dizer que ele tem um problema em resistir à tentação.

A História de Jeff, 26 Anos

Sempre imaginei como normal o fato de meu pai trabalhar por longas horas. Afinal, ser o mais velho dos filhos não é uma posição fácil para se estar. Eu tinha muitas responsabilidades, como olhar os irmãos mais novos, pôr o bebê para dormir, lavar roupa, lavar os pratos, cortar a grama, trabalhar para o vovô, limpar a casa, além de grandes projetos como reformar a casa e construir cercas. Tudo era muito agitado, mas sempre jantávamos juntos todas as noites, como família. E isso era maravilhoso.

Entretanto, muitas vezes, meu pai não estava lá, e minha mãe nos dizia que ele estava trabalhando até tarde. Éramos agradecidos por ele nos proporcionar tanto: comida, proteção e férias tranquilas. Ele até construiu para mim uma rampa para skate. Meu pai era um pai maravilhoso. Ficava ausente a maior parte do tempo, mas eu nunca pensei que houvesse algo errado. Já que nossa família se ocupava durante toda a semana com os afazeres domésticos, era natural achar que ele estivesse trabalhando arduamente para trazer dinheiro para casa.

Nunca saberei em quais noites ele estava enganando a sua esposa. Isto é o que mais machuca: saber que enquanto estávamos jantando em família, ele estava circulando pelas ruas, procurando alguma mulher para ter sexo naquela noite. Isso me faz sentir muito traído.

Não é que meu pai fosse um pai arrogante e desagradável. Ele é o melhor pai que já conheci. Ainda tenho orgulho de ser seu filho e ainda sou grato por ele ser meu pai. Lembro-me dos bons momentos que passamos durante os anos. Se conversasse com meu pai, você nunca desconfiaria de que ele estivesse traindo a esposa. Você jamais acharia que fosse um viciado em sexo ou que apanhasse prostitutas na rua.

Nunca tivemos uma pista de que algo estava errado em nossa família. Nunca ouvíamos que tinha saído à noite; sempre pensávamos que ele estivesse no escritório, trabalhando até tarde. Não tínhamos razão para duvidar dele, pois nunca mentiu para nós em qualquer outra coisa.

Acho que o que estou tentando dizer é que, quando descobri o vício do meu pai, fiquei em choque durante meses. Tenho 26 anos, vivo em Las Vegas e me casarei em breve. Minha noiva tem três filhos do seu casamento anterior e eu os amo muito. Decidi que não quero estar ausente como o meu pai. Quero estar perto — não apenas para o jantar. Quero sempre colocá-los em primeiro lugar, antes do trabalho. Não desejo trabalhar até tarde quando poderia estar rolando no chão com eles. As crianças crescem rápido, e não quero que sintam minha falta, como eu senti a do meu pai na maior parte do tempo. Antes de saber sobre o vício, eu tinha imaginado os passos que daria a fim de evitar os pequenos defeitos que via em meu pai. Tinha decidido que, mesmo que ganhasse menos dinheiro e não tivesse muitas coisas, gostaria de estar mais em casa.

Depois de passado o choque, todo tipo de coisa passou a ter sentido. Lembro-me de quando fiz uma viagem à Flórida com meu pai. Foi maravilhoso estar sozinho com ele e tivemos verdadeiros momentos de diversão juntos, como pai e filho. Andei pelas praias ou visitei os parques temáticos sozinho, enquanto meu pai frequentava seminários para o seu negócio. Notei que alguns pertences haviam sumido da minha mala. Eu tinha algumas jóias embrulhadas e achei que algum funcionário as tivesse roubado. O material era de muito valor para mim, porque tinha pertencido a uma ex-namorada que cometera suicídio. Eram coisas preciosas e insubstituíveis que tinham sido roubadas de mim.

Quando ele nos revelou o vício, pensei que alguma mulher ficou com meu pai no hotel e pegou as jóias. Mas é difícil saber se foi verdade ou não. É apenas uma possibilidade.

Honestamente, a coisa mais estranha de ter um pai viciado em sexo é imaginar quando e como ele satisfez seus impulsos. Mas eu realmente não desejo saber os detalhes.

Fico triste porque a imagem maravilhosa que tinha do meu pai se modificou. Ele nunca bebeu ou usou drogas; sempre fez escolhas saudáveis. Sempre fez o que era certo nas situações difíceis. Todos nós, como filhos, tínhamos essa imagem maravilhosa do nosso pai. Nesse meio tempo, os pais de quase todos os nossos amigos se separaram, voltaram-se para o álcool, para a bebida em segredo ou qualquer outra coisa. É realmente duro descobrir, anos mais tarde, que ele era infiel e desejava outras mulheres, especialmente quando você tem uma bela imagem do pai.

Há muitos sentimentos envolvidos: traição, ira, ressentimento, desconfiança e dor. É como se houvesse algo errado em nós a ponto de ele não querer brincar, jogar vídeogame ou assistir a filmes conosco.

Suas questões devem ter sido realmente profundas e bastante graves. É inconcebivelmente trágico que meu pai tenha feito tudo isso debaixo dos nossos olhos durante tantos anos. Ainda amo o meu pai, e sempre o amarei. A princípio, nosso relacionamento mudou um pouco, mas agora estou trabalhando os meus sentimentos com relação a ele. Fico contente porque, enfim, contou-nos o que realmente estava acontecendo. Estou feliz porque ele está tentando ser honesto e confrontando os seus problemas, em vez de escondê-los.

Fico contente porque ele e minha mãe ainda estão juntos. Estão trabalhando para perdoar um ao outro e sempre frequentam as reuniões para viciados em sexo. Para aqueles que estão lendo este depoimento e encontram-se com o mesmo problema, espero que percebam que a cura é possível por meio da honestidade e de um sólido relacionamento com os filhos.

Capítulo 21

NOSSO GLORIOSO CHAMADO

"Louvada seja a grandeza de Deus, que suporta deixar e ver os seus filhos sofrerem." — George MacDonald[1]

NA ÉPOCA QUE A VIOLAÇÃO SEXUAL seguiu o seu curso, nada nos parecia familiar; mal reconhecíamos nossa própria vida. Não sabíamos o que fazer, mas *não esperávamos* ouvir isto: A cura de vocês será fundamentada em admitirem seus próprios vícios e defeitos.

O quê? Sabíamos que o nosso casamento estava em crise, porém não imaginávamos que nossa identidade também estava. Ficamos chocados ao descobrir como nossos cônjuges eram doentios, contudo assumíamos que estávamos bem. Então, cada um de nós perguntou a si próprio:"Se meu cônjuge é viciado em sexo, então *quem* eu sou?

Começamos esta jornada contra a nossa vontade, traídos pelo nosso cônjuge. Agora, terminamos com uma identidade diferente: não importa o que nosso cônjuge tenha feito — ou qualquer outra pessoa —, somos amados de Deus. Fomos unicamente criados a sua imagem e para a sua glória. Somos convidados a entrar no jardim do Getsêmane a fim de compartilhar dos sofrimentos de Cristo. Ali encontramos o entendimento que precisamos, por meio daquEle que sofreu injustamente. À medida que o nosso coração esvazia-se aos poucos da dor excruciante, somos curados. Por fim, percebemos que Jesus nos redimiu tanto como redimiu o nosso cônjuge. Reconhecemos o nosso verdadeiro estado — aceitos apenas por causa da graça de Deus, assim como acontece a *toda* a humanidade.

Essa revelação nos habilita a perdoar os nossos ofensores — e também a perdoar a *nós mesmos*. A nossa vergonha é curada enquanto a verdade substitui as mentiras das nossas crenças distorcidas. Nossos fracassos não importam para Deus; Ele os antecipa. Não mais precisamos provar o nosso valor para nós mesmos e para os outros, pois ele é definido por Deus. Surpreendemo-nos com a glória que Ele planejou para nós! A nossa identidade como amados dEle determinou mais do que a nossa cura — ela redefiniu a nossa vida. Agora, podemos estar completamente vivos enquanto refletimos a sua glória.

Deus não nos trai de maneira nenhuma; Ele atrai-nos para si, a fim de revelar-nos o nosso glorioso chamado. A gratidão substitui o lamento enquanto o Senhor traz a redenção para a traição. Ele expõe os ídolos que não imaginávamos que nos mantinham cativos. Agora, podemos louvar a Deus como nunca antes — como Ele originalmente pretendeu — e assim satisfazer os anseios profundos do nosso coração.

Durante anos, o Salmo 13 expressou a minha angústia: "Até quando consultarei com a minha alma, tendo tristeza no meu coração cada dia?" (v. 2).

Jesus mostrou a "completa extensão do seu amor" humilhando-se a si mesmo como um servo, ao lavar os pés dos discípulos. Sua identidade não foi ameaçada *porque* Ele sabia quem era: "Jesus, sabendo que o Pai tinha depositado nas suas mãos todas as coisas, e que havia saído de Deus, e que ia para Deus" (Jo 13.3).

Assim como Jesus, também temos de saber *quem nós somos*, para humildemente exemplificarmos o caráter dEle. A vergonha, as tarefas inferiores, o medo de rejeição ou a traição do nosso cônjuge são coisas que não podem ameaçar a nossa identidade. A infidelidade é um preço doloroso a ser pago para se aprender essa lição, mas vale cada lágrima.

Uma Comunidade Redentora

"Nunca estamos mais fortes do que nos momentos em que estamos abertos acerca do nosso quebrantamento."
— Roger Thomas, pastor

Agora, estamos aptos para tomar o nosso lugar na comunidade saudável de Deus, *não apesar da* nossa tribulação, *mas por causa* dela. Diante da dor do outro, não passaremos de largo com chavões banais, mas olharemos para além do comportamento, para o coração tomado de dor. Nós mudamos — aceitamos o nosso estado miserável e nos lançamos completamente à misericórdia de Deus. Ele revelou a nossa verdadeira identidade e granjeou afeição para nós como nunca antes. Portanto, temos recebido a graça que nos permite aceitar misericordiosamente os outros.

Larry Crabb escreve: "Quando a vida nos dá um chute no estômago, queremos alguém do nosso lado do jeito que estamos, e não do jeito que essa pessoa gostaria que estivéssemos. Não queremos alguém tentando fazer com que nos sintamos melhor. Por mais bem-intencionada que seja, essa tentativa de nos animar cria uma pressão que só aumenta a nossa aflição".[2]

Henri Nouwen diz: "Consolação é uma bonita palavra. Significa 'estar' (com) 'com o que está sozinho' (solo)... Consolar não significa remover a dor, mas estar lá e dizer: 'Você não está só; estou com você'".[3]

Um comentário que sempre ouço das pessoas que frequentam os grupos dos Dozes Passos é: "A igreja não deveria se parecer com *isto*? Gostaria que a minha igreja fosse assim". Ansiamos por aceitação, compreensão e afirmação.

"Uma das coisas mais importantes que devemos fazer com os nossos segredos é partilhá-los em um lugar seguro com pessoas em quem confiamos... Trazer os nossos segredos à luz promove a comunhão e cura da alma. Como resultado de compartilhar os segredos, não apenas os outros nos amarão melhor como também nós nos amaremos mais completamente."[4]

Larry Crabb conclui seu livro *Sonhos Despedaçados* com as seguintes palavras: "Somos novas criaturas cujas identidades não são mais de pecadoras, mas sim santas... Imagino uma revolução que crie uma comunidade de pessoas quebrantadas, unidas não por seus problemas ou diagnósticos, mas por sua fome de Deus. Imagino uma revolução que liberte as pessoas a fim de participarem plenamente dessa comunidade, pois sentem a segurança do evangelho que envolve, em vez de julgá-las; que une os que estão sofrendo mais do que aconselha sobre como se sentir melhor; que capacita as pessoas, de modo sobrenatural, para derramar vida umas sobre as outras".[5]

Isto soa bem parecido com o meu grupo de recuperação.

John Eldredge concorda: "Uma comunidade verdadeira é algo pelo que você terá de lutar. Terá de lutar para conseguir uma, e terá de lutar para mantê-la funcionando. Mas essa luta é como se você saltasse em um bote em meio à tempestade. Você quer que a coisa funcione; você *precisa* que funcione... Assim é a igreja; é tudo o que você tem. Sem ela, você afundará. Ou voltará para o cativeiro".[6]

A Recuperação de Lázaro

As irmãs mandaram dizer a Jesus: "Senhor, eis que está enfermo aquele que tu amas" (Jo 11.3).

Eu convido-te; vem, Senhor Jesus. Tu me amas, e também amas aqueles a quem amo. Estou impotente diante desta doença.

"E Jesus, ouvindo isso, disse: Esta enfermidade não é para morte, mas para glória de Deus, para que o Filho de Deus seja glorificado por ela. Ora, Jesus amava a Marta, e a sua irmã, e a Lázaro. Ouvindo, pois, que estava enfermo, ficou ainda dois dias no lugar onde estava" (vv. 4-6).

Deus, não entendo o teu tempo. Não gosto dele, e desejo controlá-lo.

"Disse, pois, Marta a Jesus: Senhor, se tu estivesses aqui, meu irmão não teria morrido" (v. 21).

"Tendo, pois, Maria chegado aonde Jesus estava e vendo-o, lançou-se aos seus pés, dizendo-lhe: Senhor, se tu estivesses aqui, meu irmão não teria morrido" (v. 32).

Senhor, se Tu és Deus, como meu marido pôde ter este vício?

Senhor, se Tu és meu Protetor, por que fui traída?

"Jesus, pois, quando a viu chorar e também chorando os judeus que com ela vinham, moveu-se muito em espírito e perturbou-se. E disse: Onde o puseste? Disseram-lhe: Senhor, vem e vê. Jesus chorou" (vv. 33-35).

Jesus, Tu choraste comigo; compartilhaste a minha dor.
Não apenas sabes o que sinto; Tu sentes o que sinto.
"Disseram, pois, os judeus: Vede como o amava" (v. 36).
Veja como Jesus ama nossos maridos!
"Disse Jesus: Tirai a pedra" (v. 39).
Até esse momento, eles achavam que Jesus tivesse vindo com o intuito de prantear a morte de seu amigo.
"Senhor, já cheira mal, porque é já de quatro dias" (v. 39).
Senhor, por favor, não expõe o vício de meu marido. É repulsivo! Não podemos manter isso escondido? Todos se sentirão ofendidos!
"Disse-lhe Jesus: Não te hei dito que, se creres, verás a glória de Deus?" (v. 40).
Senhor, como Tu podes ser glorificado nesta terrível situação?
"Tiraram, pois, a pedra" (v. 41).
As pessoas descobrirão a verdade. Como irão reagir?
Estamos prestes a revelar nossos piores segredos.
O preço da cura vale a humildade da verdade?
"E [...] clamou com grande voz: Lázaro, vem para fora" (v. 43).
Ele chamou meu marido pelo nome!
Ele deseja que meu marido saia das trevas do cativeiro e encontre-o na luz.
"E o defunto saiu, tendo as mãos e os pés ligados com faixas, e o seu rosto, envolto num lenço. Disse-lhes Jesus: Desligai-o e deixai-o ir" (v. 44).
Ele não tinha como livrar-se e Jesus não lhe pediu que fizesse isto.
Outros desataram Lázaro, exatamente como em nossos grupos de apoio: nossa vergonha é removida enquanto partilhamos a nossa história e encontramos aceitação incondicional.

Jesus nos convida a partilhar de seu sofrimento no jardim do Getsêmane. Em João 11.40, Ele nos convida a partilhar da sua glória: "Não te hei dito que, se creres, verás a glória de Deus?"

RECURSOS

Apoio a Familiares de Sexólicos — S-Anon
http://www.sanon.org/

Codependentes Sexuais Anônimos — Cosa Recovery
http://www.cosa-recovery.org/

Codependentes Anônimos — Coda Brasil
http://www.codabrasil.org/

Dependentes de Amor e Sexo Anônimos — D.A.S.A
http://www.slaa.org.br/br/index.htm

PRINCÍPIOS BÁSICOS DOS GRUPOS DE APOIO

1. Estamos aqui apenas para ouvir um ao outro. Enquanto uma pessoa está falando, pedimos ao grupo que simplesmente esteja presente e atento, sem interrupção ou conversa cruzada. Estamos aqui para oferecer e receber apoio. Dar conselhos ou oferecer soluções é desrespeitoso e pode fazer a pessoa sentir-se inadequada e julgada. Nosso objetivo é a segurança emocional e a confiança.
2. Haverá oportunidade para cada pessoa no grupo falar, caso se sinta confortável. Se não quiser falar, simplesmente diga: "Passo".
3. Ouça com o coração para entender como o outro se sente. Muitos nunca foram ouvidos na família. Aprenderemos com o discernimento do outro.
4. Permita que os outros estejam onde estão em seu processo de desenvolvimento. Nossas únicas expectativas são a honestidade e a fé na habilidade de Deus de curar-nos.

5. Não interrompa, distraia ou encoraje aqueles que estão expressando sentimentos de dor, como pesar, culpa ou lamento. É a vez deles de explorar os próprios sentimentos, ainda que isso nos deixe desconfortáveis. Quando cada membro do grupo terminar de compartilhar, dizer "Obrigado por compartilhar" é uma forma de encorajar os outros.
6. Somos comprometidos com o sigilo. Tudo o que é compartilhado pelo grupo não pode sair do grupo. A confiança é um presente que damos uns para os outros.
7. Lemos estas regras no início de cada reunião a fim de não repetirmos o comportamento disfuncional que muitos de nós aprendemos na família.

NOTAS

Introdução

[1] Marnie Feree."Women and Sexual Addiction", de workshops realizados no Woodmont Hills Counseling Center, Nashville, www.woodmont.org. Audiotapes e artigos disponíveis no Prodigals International, www.iprodigals.com.

[2] "Recovery from Sexual Addiction: An interview with Mark Laaser" Biblioteca online do National Association for Christian Recovery (NACR), www.christianrecovery.com.

[3] John Eldredge. *Waking the Dead*. Nasville: Thomas Nelson, 2003.

[4] Russell Willingham. *Breaking Free*. Downers Grove, Ill.: InterVarsity Press, 1999, 206.

Capítulo 1

[1] Steve Arterburn. *Addicted to "Love"*. Ann Arbor. Mich.: Servant Publications, 1996, 208.

Capítulo 3

[1] Eldredge. *Waking the Dead*, p. 200.

[2] "The F Word: Forgiveness and Its Imitations: An Interview with David Augsburger", Entrevista por Lela Weaver 10-03-2003, Biblioteca online do National Association for Christian Recovery (NACR), www.christianrecovery.com

[3] Dietrich Bonhoeffer. *The Cost of Discipleship*. Nova York: Macmillan Co., 1967.

Capítulo 4

[1] Willingham. *Breaking Free*, p. 2.

[2] Donald M. Joy. *Bonding: Relationship in the Image of God*. Waco, Tex.: Word Books, 1985, p. 78.

[3] Ibid., p. 80

[4] Marcha Means. *Living with Your Husband´s Secret Wars*. Grand Rapids: Fleming H. Revell, 1999, p. 124, 125.

Capítulo 5

[1] George MacDonald. *Happy Thoughts*. NovaYork: James Pott & Co., 1894, p. 19.

[2] Henry Cloud. *Changes That Heal*. Grand Rapids: Zondervan, 1990, p. 157.

[3] Larry Crabb. *Sonhos Despedaçados*. São Paulo: Mundo Cristão, 2004, p. 135.

[4] Andrew Murray. *Abide in Christ*. Fort Washington, Pa.: Christian Literature Crusade, 1997, p. 67, 68.

Capítulo 6

[1] Henry Cloud. *Changes That Heal*, p. 103

[2] Patrick A. Means. *Men´s Secret Wars*. Grand Rapids: Fleming H. Revell, 1999, p. 27, 28.

[3] John Powell. *The Secret o f Staying in Love.* Allen, Tex.: Tabor Publishing, 1979, p. 5.

Capítulo 7

[1] Brenda Ueland. *If You Want to Write*. St.Paul, Minn.: Greywolf Press, 1938, p. 23, 24.

[2] Merle Fossom e Marilyn Mason. *Facing Shame.* NovaYork: W. W. Norton and Company, 1986, p. 123.

[3] "Stabs and Facts" fonte online. Prodigals International, 6619 132nd Ave. N.E., PMB 262, Kirkland, WA 98033-8627, www.info@iprodigals.com.

[4] Patrick Carnes. *Don´t Call It Love*. Nova York: Bantam Books, 1991, p. 146.

[5] Carnes. *Out of the Shadows*, p. 6.

[6] Jennifer Schneider. *Back from Betrayal*. Center City, Minn.: Hazelden Educational Materials, 1988, p. 83.

[7] Carnes. *Out of the Shadows*, p. 9.

[8] Means. *Men´s Secret Wars*, p. 213.

[9] Arterburn. *Addicted to "Love"*, p. 28.

[10] Means. *Men´s Secret Wars*, p. 170.

[11] John Powell. *Why Am I Afraid to Tell You Who I Am?* Argus, Ill.: Argus Communications, 1969, p. 74.

[12] Powell. *The Secret of Staying in Love*, p. 8.
[13] Means. *Men´s Secret Wars*, p. 128.
[14] Ibid., p. 129.
[15] Charlotte Davis Kasl. *Women, Sex, and Addiction*. Nova York: Ticknor and Fields, 1989, p. 113.

Capítulo 8

[1] Gerald G. May. *Addiction and Grace*. San Francisco: Harper Collins, 1990, capítulo 1.
[2] Brennan Manning. *Abba´s Child*. Colorado Springs, Colo.: NavPress, 1994, p. 74.
[3] Means. *Men´s Secret Wars*, p. 80.
[4] Patrick Carnes. *Contrary to Love*. Minneapolis, Minn.: CompCare Publishers, 1989, p. 137.
[5] Carnes. *Don´t Call It Love*, p. 152.
[6] Carnes. *Contrary to Love*, p. 146.
[7] Patrick Carnes. *Silent Shame: The Path to Addiction*. Minneapolis, Minn.: The Gentle Press, 1990.
[8] Cecil Murphey. *Invading the Privacy of God*. Ann Arbor, Mich.: Servant Publications, Vine Books, 1997, p. 10.
[9] Schneider. *Back from Betrayal*, p. 46.
[10] Willingham. *Breaking Free*, p. 204.
[11] Carnes. *Don´t Call It Love*, p. 145.
[12] Carnes. *Contrary to Love*, p. 137.
[13] Schneider. *Back from Betrayal*, p. 46.
[14] Ibid., p. 26.

Capítulo 9

[1] Willingham. *Breaking Free*, p. 128.
[2] Shannon Ethridge. *A Batalha de toda Mulher*. São Paulo: Mundo Cristão.
[3] Murray. *Abide in Christ*, p. 22.
[4] MacDonald. *Happy Thoughts*, p. 40.
[5] Powell. *The Secret of Staying in Love*, p. 22.
[6] Gertrude Chandler Warner. *The Boscar Children*. Chicago: Albert Whitman & Company, 1971.

Capítulo 10

[1] Carnes. *Contrary to Love,* p. 152.

[2] Carnes. *Don´t Call It Love,* p. 356, 357.

[3] Carnes. *Out of the Shadows,* p. 144.

[4] Melody Beattie. *Codependent No More.* Center City, Minn.: Hazelden Educational Center, 1992, p. 185.

[5] Carnes. *Out of the Shadows,* p. 131.

[6] Cloud. *Changes That Heal,* p. 80.

[7] Carnes. *Out of the Shadows,* p. 143.

[8] Carnes. *Don´t Call It Love,* p. 365.

Capítulo 11

[1] Manning. *Abba´s Child,* p. 131.

[2] Cloud. *Changes That Heal,* p. 28.

[3] Marnie Feree."Women and Sexual Addiction".

[4] Russelll Willingham. New Creation Ministries (NCM), diretor. P. O. Box 5451, Fresno, CA 93755 (559-227-1066; newcreationmins@aol.com.

[5] David Peck. M.F.C.C., diretor, Aesthetic View Institute. 2350 W. Shaw Ave., Suite 118, Fresno, CA 93711.

[6] Henri Nouwen. *Bread for the Journey.* Daily Meditation"Being Safe Places for Others". NovaYork: Harper Collins, 1997.

Capítulo 12

[1] American Social Health Association (ASHA). P.O. Box 13827, Research Triangle, NC 27709-3827. Panfletos: What you need to know about STDs and Condoms, Contraception, asn STDs.

[2] Willinghan. *Breaking Free,* p. 200.

Capítulo 13

[1] "Safe Sex" artigo por Dale Ryan. Biblioteca online do National Association for Christian Recovery (NACR), www.christianrecovery.com.

[2] Carnes. *Don´t Call It Love,* p. 161.

[3] Ibid., p. 165.

[4] Ibid, p. 244.

[5] Schneider. *Back from Betrayal*, p. 234.
[6] Ibid., p. 242.
[7] Ryan,"Safe Sex".
[8] Crabb. *Sonhos Despedaçados*, p. 121,129.

Capítulo 14

[1] MacDonald. *Happy Thoughts*, p. 122.
[2] Eldredge. *Waking the Dead*, p. 211, 212.
[3] Scotty Smith. *Objects of His Affection*. West Monroe, La.: Howard Publishing Co., 2001, p. 75
[4] Cloud. *Changes That Heal*, p. 25, 27.
[5] Manning. *Abba´s Child*, p. 125.
[6] Jonathan Robinson. *Communication for Couples*. Nova York: MJF Books, 1997, p. 19.
[7] Joy. *Bondind: Relationships in the Image of God*, p. 77.
[8] Robinson. *Communication for Couples*, p. 20
[9] Willingham. *Breaking Free*, p. 204, 205.

Capítulo 15

[1] Powell. *Why Am I Afraid?*, p. 47.
[2] Dr. Thomas Gordon. *P.E.T. in Action*. Wyden Books, USA, 1976, p. 85.
[3] Bettie. *Codependent No More*, p. 184.
[4] Robinson. *Communication for Couples*, p. 43.
[5] Gordon. *P.E.T. in Action*, p. 31, 32.
[6] Ross Campbell. *How to Really Love Your Teenager*. Colorado Springs, Clo.: ChariotVictor Publishing, 1993, p. 73, 74.
[7] Ibid., p. 70, 71.
[8] Powell. *Why Am I Afraid?* p. 54-63
[9] Cloud. *Changes That Heal*, p. 50.
[10] O. S. Hoffman. *Optimistic Voices*. Battle Creek, Mich.: O. S. Hoffman, 1908, quarta capa.

Capítulo 16

[1] Willingham. *Breaking Free*, p. 200.
[2] Cloud. *Changes That Heal*, p. 100.

[3] Powell. *The Secret of Staying in Love,* p. 12.
[4] Jane Nelson e Lynn Lott. *I´m On Your Side.* Rocklin, Calif.: Prima Publishing and Communication, 1990.
[5] Henry Cloud e John Towsend. *Boundaries Face to Face.* Grand Rapids: Zondervan, 2003, p. 192.
[6] Arterburn. *Addicted to "Love"*, p. 214.

Capítulo 18

[1] Carnes. *Don´t Call It Love,* p. 329.
[2] Schneider. *Back from Betrayal,* p. 267.
[3] Carnes. *Don´t Call It Love,* p. 137.
[4] Focus on the Family, entrevista com Dan Gerald, pastor vindo de Anchorage, Alaska, e autor de *Holy Scars.*
[5] Schneider. *Back from Betrayal,* p. 267.
[6] Eldredge. *Waking the Dead,* p. 187.
[7] Murphey. *Invading the Privacy of God,* p. 10.

Capítulo 21

[1] MacDonald. *Happy Thoughts,* p. 132.
[2] Crabb. *Sonhos Despedaçados,* p. 129
[3] Nouwen, Daily Meditation,"Giving and Receiving Consolation".
[4] Ibid.,"Bringing Our Secrets into the Light".
[5] Crabb. *Sonhos Despedaçados,* p. 190.
[6] Eldredge. *Waking the Dead,* p. 199.